어릴 때 키워야 평생 가는
아이의 독서력

어릴 때 키워야 평생 가는

아이의 독서력

신운선·강애띠 지음

5~6 학년

바다출판사

머리말

    십여년 동안 아이들에게 독서지도를 하고, 교사나 학부모님을 대상으로 강의를 하면서 아쉬운 점이 있었습니다. 많은 분들이 잘못된 방법으로 독서지도를 하거나 방법을 잘 몰라서 효과적으로 책을 다루지 못하는 점이었어요. 책을 통해 바른 인성을 갖추고 읽기와 쓰기 능력을 키우는 것은, 현재는 물론 미래 사회를 살아갈 우리 아이들에게 아주 중요한 능력이라는 사실을 잘 알면서도 말이에요.

    교사나 학부모 대상 강의에서 가장 많이 받는 질문은 "아이에게 어떻게 독서지도를 해야 하나요?"라는 구체적이면서도 실질적인 것이었습니다. 그들은 서점에 나와 있는 책들이 대부분 독서의 중요성이나 효과를 강조하는 책들 일색이라 구체적인 방법들은 독자의 몫인 것 같아 고민스럽다고 했습니다. 그런 질문과 답답함, 필요성에 대한 답으로 이 책을 썼습니다.

    독서지도 전문가가 아니더라도 부모님이 가정에서 활용할 수 있는 구체적인 독서지도서가 필요하다는 고민이 모여 《아이의 독서력》이 되었습니다. 아이들의 반짝이는 작품들을 모아 '이렇게 했어요' 코너를 구성했고, 부모나 선생님들의 고민을 해결해 주기 위해서 '독서지도 레시피'를 썼습니다. 독서지도를 고민하는 부모님이나 선생님들에게 실질적이고 유용한 팁과 아이들이 활동한 구체적인 자료들을 보여 드릴 수 있게 되어 기쁩니다.

    무엇보다 이 책이 나오기까지는 아이들의 도움이 가장 컸습니다.
    "선생님, 다음에는 무슨 책 읽어요?"
    "선생님, 우리 판타지 모험책 읽어요!"
    "아냐, 역사책 읽어요…."
    이렇게 한 권의 책을 덮자마자 다음 책을 궁금해하는 사랑스러운 아이들 덕분에 이 책이 나올 수 있었습니다. 이런 아이들을 볼 때마다 독서지도사로서의 역할을 확인하고 지치는 마음을 다잡곤 합니다.

  만약 누군가가 '당신은 왜 아이들에게 독서지도를 하느냐'고 묻는다면 망설임 없이 '평생독자를 만들기 위해'라고 대답할 것입니다. 어릴 때 처음 접하는 독서가 재미있고 흥미롭다면 아이는 평생 좋은 독자가 될 수 있습니다. 책을 읽는다는 것은 단순한 해석적 읽기가 아니라 저자와의 대화이며, 자유로운 상상이며, 삶의 지혜를 배우는 일이 되어야 합니다. 성적과 진학이 우선인 지금의 현실에서 학습을 위한 독서보다는 아이들이 독서를 통해 좀 더 성숙하고 지혜롭고 따뜻한 사람으로 성장하길 바라는 일은 과한 욕심인지도 모르겠습니다. 하지만 아이들이 평생 독서를 통해 다른 세상을 보고, 친구들의 이야기를 귀 기울여 듣고, 자신을 돌아볼 수 있는 사람으로 성장해 가기를 바라는 일은 욕심일 수 없다고 믿습니다.

  호기심에 찬 눈빛과 기발한 표현들로 수업을 빛내 주었던 아이들, 독서지도에 관한 고민을 털어놓았던 부모님들과 선생님들, 모두 감사합니다. 이 책이 그분들에게 독서지도의 나침반이 된다면 더할 나위 없이 기쁘겠습니다. 아이들이 스스로 생각하는 힘, 그 생각을 표현하는 힘을 기를 수 있게 하는 데에 이 책이 비옥한 자양분이 될 것으로 믿습니다. 모두에게 이 책이 행복한 선물이 되기를 바라면서, 우리 아이들에게 한바탕 잔치 같은 독서활동이 되기를 기대해 봅니다.

저자 신운선·강애띠

차례

머리말 004

01 입학사정관제와 포트폴리오, 어떻게 준비해야 할까요? • 009
- 구석구석 세계 여행 세상에서 가장 재미있는 세계지도 013
- 착한 경제와 착한 소비 둥글둥글 지구촌 경제 이야기 022

02 이 시기에는 어떤 책을 읽어야 할까요? • 030
- 내 삶의 가치 찾기 마당을 나온 암탉 033
- 역사를 알면 수학이 더 즐거워 어린이를 위한 수학 역사 1 043

03 고학년 때는 왜 성장 동화를 읽어야 할까요? • 051
- 아픔만큼 키가 자라요 너도 하늘말나리야 054
- 용기와 희생으로 이룬 기적 웨인스콧 족제비 062

04 편독하는 아이들은 어떻게 지도할까요? • 071
- 공평함과 차별의 경계선에서 장건우한테 미안합니다 074
- 굿바이, 나의 밍기뉴 나의 라임오렌지 나무 083

05 문학 작품은 어떻게 읽어야 할까요? • 092
- 조금 부족하지만 함께라면 괜찮아 나는 선생님이 좋아요 095
- 타고난 운명은 없다 하늘길 104

06 배경지식을 쌓기 위해 어떤 책을 읽어야 할까요? • 113
- 우리들의 소중한 물 어린이를 위한 환경 보고서 물 116
- 신나는 과학의 세계 대한민국 초등학생 첫 과학 교과서 126

07 고학년의 독서감상문 쓰기는 어떻게 하면 좋을까요? • 139
- 비밀이 있어서 좋은 이유 클로디아의 비밀 142
- 소년과 소녀의 추억 만들기 소나기 151

08 관람 보고서는 어떻게 작성하면 좋을까요? • 161
- 그림으로 떠나는 여행 초등 교과서가 들려주는 한국 명화, 세계 명화 165
- 전쟁으로 보는 역사 열려라 박물관 7 176

09 환경·역사 신문 만드는 방법을 알아볼까요? • 185
- 풍속화로 옛사람들의 삶 엿보기 옛날 사람들은 어떻게 살았을까 188
- 영원한 삶 VS 유한한 삶 트리갭의 샘물 197

10 논설문 쓰기는 어떻게 할까요? • 204
- 다시 세우는 편견 없는 교실 무너진 교실 210
- 전쟁 없는 세상을 위하여 무기 팔지 마세요 220

해답 230

독서지도
레시피

01

입학사정관제와 포트폴리오, 어떻게 준비해야 할까요?

- **구석구석 세계 여행** 세상에서 가장 재미있는 세계지도
- **착한 경제와 착한 소비** 둥글둥글 지구촌 경제이야기

나만의 목표를 정하고
교과 특성에 맞는 내용으로 기록을 남겨요

입학사정관 제도란 대입 전형과 특목 중학교와 특목고에서 입시 전문가인 입학사정관이 시험 성적보다 잠재력과 발전 가능성에 초점을 맞춰 학생을 평가, 선발하는 입시 제도입니다. 입학사정관 제도가 정착되면서 입학사정관 제도에서 필요로 하는 포트폴리오에 대한 관심도 높아졌습니다. 나만의 개성 있는 포트폴리오를 만들려면 어떻게 해야 할지 알아봅시다.

나의 목표 정하기와 계획 세우기

초등학교 고학년이면 자신의 꿈에 대해 진지하게 고민해 본 학생들이 많을 거예요. 포트폴리오를 만들기 위해서는 자신의 꿈과 목표를 명확하게 정하고 이에 대한 단기 계획과 장기 계획을 세워야 합니다. 10년, 20년, 30년 후에 나는 어떤 사람이 되고 싶은지, 또한 자신이 이루고 싶은 꿈을 위해서 어떤 일들을 해야 하는지에 대해 꼼꼼하게 계획을 세우고 이를 자기 주도적으로 실천해 가는 모습을 기록으로 남겨야 합니다.

- 비교과 포트폴리오

    비교과 포트폴리오는 독서감상문이나 체험 활동 기록, 신문 스크랩 등의 활동을 기록하는 것입니다. 이때 자신의 꿈이나 진로와 관련이 있는 주제를 골라서 포트폴리오를 작성하는 것이 도움이 됩니다. 독서감상문을 적을 때도 책을 고른 이유를 솔직하게 적고 책을 읽은 후 진로와 관련하여 깨달은 점이나 생각의 변화를 적도록 합니다. 꿈이 명확하게 정해지지 않았다면 자신의 진로를 찾아가는 과정을 기록으로 남길 수 있어요. 직업과 관련된 책을 읽거나 적성 검사나 직업 체험 활동을 한 경험을 기록으로 남기면 나중에 면접시험이나 입학사정관 전형에서 진로에 관한 자신의 진정성을 보여 줄 수 있어요.

- 교과 포트폴리오

    학습과 관련된 교과 활동도 포트폴리오로 만들 수 있습니다. 자신의 진로와 관련된 교과 학습 분야에 대해 학습 목표와 진행 상황, 결과와 평가를 기록하는 학습일기를 꾸준히 쓰는 것입니다. 그 외에도 학업계획서나 영어 단어장, 과학 용어 사전을 스스로 정리하여 만드는 것도 교과 포트폴리오가 됩니다. 이때 중요한 것은 하다가 중간에 그만두어서는 안 된다는 것입니다. 초등학교 때부터 중학교, 고등학교에 이르기까지 꾸준히 자신만의 영어 단어장을 만든다면 모든 학과의 전형에서 자신의 성실함과 열정을 보여 줄 수 있는 포트폴리오가 됩니다.

• **포트폴리오에 들어갈 수 있는 내용**

1. 진로 심리 검사
2. 진로 후 계획서
3. 자기소개서
4. 학업계획서
5. 일기장
6. 성적표
7. 취미활동 기록장
8. 특기활동 기록장
9. 여가활동 기록장
10. 예술 활동
11. 자격증목록
12. 공모전참가목록
13. 인증서목록
14. 경력 기록장
15. 독서목록
16. 독서이력 기록장
17. 독서계획서
18. 독서요약내용
19. 대회참가신청서
20. 대회사진
21. 참가작품
22. 수상목록
23. 대회준비자료 기록장
24. 수상여부
25. 봉사활동 기록장
26. 체험활동 기록장
27. 종교활동 기록장
28. 행사활동 기록장
29. 공연 안내지 및 사진
30. 수련회 기록장
31. 학교탐방 보고서
32. 학교 프로그램참가 자료
33. 아르바이트 기록장
34. 교과관련 체험학습목록
35. 기록 동영상
36. 학습활동 자료

구석구석 세계여행

● 세상에서 가장 재미있는 세계지도 재미있는 지리학회 글 | 북스토리

관련교과 사회
6. 1. 3. 환경을 생각하는 국토 가꾸기
6. 2. 2. 세계 여러 지역의 자연과 문화

학습목표
1. 세계 여러 도시와 국경의 의미를 알 수 있다.
2. 기후와 지형의 변화에 대해 알 수 있다.

● **독서지도 포인트**

이 책은 지구촌 곳곳에 대해서 많은 배경지식을 배울 수 있는 책입니다. 세계지도를 통해 국경, 도시, 지형과 지리, 지명, 기후와 국기의 수수께끼를 풀어 갑니다. 다른 나라들의 독특한 역사와 문화를 배울 수 있어, 여행이나 학업에도 도움이 되도록 구성되었어요. 또한 환경이나 문명의 파괴, 기후 문제에 대한 문제의식도 제공하고 있어서 생각거리도 충분해요. 지리와 관련된 낯선 어휘가 나오는 경우가 있으니 사전을 찾아보면서 책을 읽으면 어휘력도 향상시킬 수 있어요. 배경지식을 쌓는 데 많은 도움을 받을 수 있도록 세계지도를 펼쳐 놓고 지명을 일일이 짚어 가면서 책을 읽도록 하는 것이 좋습니다.

● **함께 읽으면 좋은 책**

동에 번쩍 서에 번쩍 세계지리 이야기 조지욱 글 | 사계절
이 책은 지리를 어렵게 여기는 학생들을 위해 실생활에서 나오는 질문과 흥미를 끌만한 물음을 기초로 하고 있습니다. 전체 내용을 주제 중심, 문제 중심으로 재편하여 지리의 개념과 원리를 차근차근 알 수 있게 하였습니다.

한권으로 보는 그림 세계지리 백과 신형종. 최선웅 글 | 진선아이
이 책은 세계를 아시아, 오세아니아, 유럽, 아프리카, 아메리카, 그리고 북극과 남극 대륙으로 나누고 각 대륙별로 나라를 소개하고 있어요.

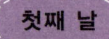

생각하며 걷기

다음 질문을 읽고 보기에서 답을 찾아 써 보세요.

> **보기**
> 브라질리아, 페르토 윌리엄스, 기니만, 퀘벡, 동국지도, 브루나이,
> 아랄해, 바룰 낫소, 스발바르제도, 차드호, 아마존 강, 독일,
> 바빌로니아의 점토판지도, 갈라파고스, 이스터 섬, 날짜 변경선,
> 고비사막, 태평양, 터키, 사해, 아이슬란드 공화국, 할리우드

1. 경도를 기준으로 서쪽과 동쪽으로 각각 180도의 지구 반대편에 그은 선. 이 선을 기준으로 12시간의 시차가 생긴답니다.

2. 지리적으로 국토의 97%가 아시아에 속해 있고, 유럽 쪽에 3% 속해 있지만 아시아보다 유럽과의 연결이 더 강한 나라

3. 네덜란드의 최남단에 위치해 있지만 본토는 멀리 떨어진 벨기에인 거리의 이름

4. 19세기 말부터 20세기에 걸쳐 이탈리아계와 유태계 이민자들에 의해 만들어진 미국 사막 지대에 있는 영화의 도시

5. 주요 도로가 모두 입체 교차로로 되어 있어서 신호등이 거의 설치되어 있지 않은 도시

6. 호수의 크기가 축소와 확대를 거듭하며 변화하는 아프리카의 '움직이는 호수'

7. 염분이 25%나 되어 생물이 전혀 살고 있지 않고 이스라엘과 요르단의 국경에 접해 있는 호수

8. 현존하는 대한민국의 전국지도 중에서 가장 오래된 지도
   현존하는 세계지도 중에 가장 오래된 지도

9. 세계 최북단 마을
   세계 최남단 마을

10 • 모아이 상으로 유명하며 육지로부터 가장 멀리 떨어진 바다의 고도

11 • 아시아에서 두 번째, 세계에서 네 번째로 큰 호수이며 '중앙아시아의 진주'라고 불리는 아름다운 호수이지만 매년 점점 작아지고 있는 호수

12 • 16세기 마젤란이 놀라울 정도로 평온한 바다라는 의미로 이름을 붙인 세계 해양 면적의 46%를 차지하는 바다

13 • 햇볕이 내리쬐는 날이 계속되면 홍수가 일어나는 사막

14 • 세계적으로 희귀한 고유종 생물이 수없이 살고 있으며 다윈의 '진화론'으로 유명한 섬

15 • 캐나다에서 유일하게 프랑스어를 공용어로 사용하는 주

16 • 위도와 경도가 모두 0도인 곳

17 • 활발한 화산활동으로 국토가 점점 넓어지고 있는 북극해의 나라

18 • 해저에 묻혀 있는 석유와 천연가스 덕분에 국민 모두가 풍요로운 삶을 살고 있는 동남아시아의 보루네오 섬 북해안에 위치한 인구 25만 명의 왕국

19 • 세계에서 가장 넓은 강

20 • 효모를 맥주 통 밑에 가라앉혀 발효를 하는 과정에서 맥주를 창고(라거)에 저장하면서 라거 맥주를 전 세계에 유통시킨 맥주의 본 고장으로 불리는 나라

뛰어 넘기

1 뉴욕의 맨해튼 섬에 초고층 빌딩이 집중해 있는 까닭은 무엇인가요?

2 싱가포르가 좁은 국토를 넓히기 위해서 어떤 방법을 사용했는지 설명해 보세요.

3 세계 최고봉인 에베레스트가 갑자기 2미터나 높아진 이유 두 가지를 써 보세요.

4 세계 최고만을 기록하는 기네스북에 현재 세계에서 가장 긴 강이 기록되어 있지 않은 까닭은 무엇인가요?

5 매년 대서양이 넓어지고 태평양이 좁아지는 까닭은 무엇인가요?

6 런던에 유난히 안개가 많이 발생하는 까닭은 무엇인가요?

7 남미의 서해안, 에콰도르부터 페루 북부 먼 바다에서 엘니뇨 현상이 생기는 까닭은 무엇인가요?

8 아프리카는 어업 자원의 축복을 받은 지역인데도 아프리카인들이 생선을 별로 먹지 않는 까닭은 무엇인가요?

둘째 날

높이 날기

세계지도를 보고, 가고 싶은 나라를 정해서 '나만의 여행 계획서'를 만들어 보세요.

떠나자! 나만의 세계 여행 고고씽~~

여행지	
기간	
목적	
동행인	
준비물	
사전 조사	
기념품 구입 계획	
여행 경로	

이렇게 했어요!

떠나자 나만의 세계 여행 고고씽~~

여행지	아프리카 케냐 세렝게티
기간	겨울방학 (여긴 춥고 거긴 더우니까)
목적	세렝게티에서 사자랑 기린이랑 야생동물들을 보고 싶어서
동행인	부모님, 형
준비물	사진기, 노트, 동물도감, 옷, 물, 음식, 좋은 신발, 모자.
사전조사	수도 : 나이로비 기후 : 건조, 따뜻, 사바나 우기 : 3월-5월 언어 : 영어, 스와힐리어 위치 : 아프리카 동부 주의사항 : 반드시 예방접종을 하고 가야 함
기념품 구입 계획	케냐 커피, 각종 동물들 사진과 엽서
여행경로	인천공항에서 나이로비로 감 → 차를 타고 세렝게티로 이동 → 사파리 투어 → 사자와 기린과 버팔로, 하이에나, 누 등을 실제로

떠나자! 나만의 세계 여행 고고씽~~

여행지	이집트
기간	여름방학
목적	파라오를 만나러가서
동행인	친구
준비물	스마트폰, 연필, 일기장 옷 먹을거 (김치, 라면), 이집트 사람들이 어떻게 살았을까 책
사전 조사	수도 : 카이로 기후 : 건조 종교 : 이슬람교 위치 : 아프리카 북동 주의사항 : 되서 겨울이 좋음 수돗물 못 마심
기념품 구입 계획	파라오, 이집트화폐, 스핑크스 모형, 피라미드 모형
여행경로	인천공항 → 카이로 공항 직항 여행기 룩소르의 고대유적지 템베와 나일즈 플랜스관광 (툿탕카멘 유물, 피라미드 스핑크스 관람)

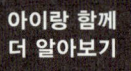 **아이랑 함께 더 알아보기**

기후변화협약

기후변화협약 氣候變化協約 United Nations Framework Convention on Climate Change

지구온난화를 막기 위해 모든 온실가스의 인위적인 배출을 규제하기 위한 협약. 정식 명칭은 '기후변화에 관한 유엔 기본협약'으로, 생물다양성협약과 함께 1992년 6월 리우회의에서 채택되어 1994년 3월 21일 발효되었다. 가입국이 되면 온실가스를 감축하려는 노력과 이에 관련된 정보를 공개해야만 한다. 우리나라는 1993년 12월 기후변화협약에 가입하여 1994년 3월부터 적용받았다.

지구온난화를 발생시키는 온실가스에는 탄산가스, 메탄, 이산화질소, 염화불화탄소 등 여러 가지 물질이 있는데, 이 중 탄산가스의 인위적인 배출이 가장 많이 이루어지기 때문에 탄산가스 배출량을 규제하는 것에 초점을 맞추고 있다. 대표적인 기후변화협약은 교토의정서와 발리로드맵이다.

1997년 12월 일본 교토에서 열린 기후변화협약 제3차 당사국 총회에서 채택된 교토의정서는 이산화탄소(CO_2), 메탄(CH_4), 아산화질소(N_2O), 불화탄소(PFC), 수소화불화 탄소(HFC), 불화유황(SF_6) 등 6가지 온실가스의 배출량을 줄이기 위한 국제협약으로, 미국·일본·유럽연합 등의 선진국들이 2008~2012년 사이에 1990년과 비교하여 평균 5.2%의 온실가스를 감축하도록 하고 있다.

이산화탄소를 가장 많이 배출하고 있는 미국이 자국의 산업을 보호하기 위해 2001년 탈퇴하였으나 2004년 11월 러시아가 비준하게 되면서 발효요건이 충족되어 2005년 2월 16일부터 발효되었다. 지난 2002년 비준한 우리나라는 1997년 당시 기후변화협약 상에서 개발도상국으로 인정되어 온실가스의 배출을 감소할 의무가 유예되었으나 오는 2013년부터는 배출 규제가 불가피할 것으로 예상되기 때문에 대책 마련이 시급하다.

출처 네이버 지식백과

유엔 기후협약, 교토의정서 2020년까지 연장 합의

18차 유엔기후변화협약(UNFCCC) 당사국 총회에 참가한 약 200개국은 교토의정서 효력을 2020년까지 연장하기로 합의했다. 총회 의장인 압둘라 빈 하마드 알 아티야 카타르 총리는 폐회 예정일을 하루 넘긴 8일(현지시간)에 교토의정서에 2차 이행기간을 부여하는 등의 합의가 이뤄졌다고 선언했다.

기후변화협약의 부속 의정서인 교토의정서는 구속력 있는 온실가스 감축목표를 규정하고, 의무를 달성하지 못할 경우 규제를 가할 수 있는 국제 규약으로 1997년에 채택됐다. 교토의정서의 1차 이행기간은 올해까지였다.

그러나 교토의정서 연장이 성사됐더라도 참여국은 유럽연합(EU) 27개국과 호주, 스위스 등 8개 선진국에 불과해 이행기간 연장 이전과 비교해 큰 차이가 없을 전망이다. 연장된 교토의정서 역시 전 세계 온실가스 배출량의 약 15%만 규제할 수 있다.

중국, 인도 같은 대표적 온실가스 배출국은 연장된 교토의정서에도 참여하지 않았으며 미국 또한 주요 개도국의 불참을 핑계로 참여하지 않았다. 회의 내내 교토의정서의 연장에 반대한 러시아는 의장의 합의 선언에 이의를 제기할 수 있다는 입장마저 보였다. 따라서 이번 합의에 따라 기후변화협약 참가국들은 2015년에 교토의정서보다 더 많은 나라가 참여하는 새 기후변화협약을 체결해 2020년부터 발효시킬 예정이다.

출처 그린포스트 코리아 2012.12.09

숫자로 본 기후변화협약

- 2012 온실가스 배출규제 협약인 교토의정서 만료되는 해
- 2 지구 환경의 안전을 보장하는 상승 온도 한계선
- 450ppm 평균 온도 2도 상승시키는 대기중 이산화탄소 농도
- 50 정부간기후변화위원회(FCC)의 1990년 대비 2050년 온실가스 감축 비율
- 25~40 2020년까지 선진국들이 달성해야 하는 온실가스 감축비율(1990년 대비)
- 1000억~2000억 달러 2050년까지 개발도상국에 지원돼야 하는 매년 온실가스 감축 비용
- 50기가t 세계의 연평균 이산화탄소 배출량(1기가=1억)
- 44기가t 2020년까지 이산화탄소 배출 감축 목표치

출처 한국경제

착한 경제와 착한 소비

● **둥글둥글 지구촌 경제 이야기** 석혜원 글 | 유남영 그림 | 풀빛

관련교과 사회
5. 2. 3. 대한민국의 발전과 오늘의 우리
6. 1. 2. 우리 경제의 성장과 과제

학습목표
1. 세계 경제의 흐름에 대해서 이해할 수 있다.
2. 착한 소비에 대해서 생각해 볼 수 있다.

● **독서지도 포인트**

이 책은 경제에 관한 책이지만 무조건 경제 용어를 외우거나 어려운 경제 체제를 알려고만 해서는 안 됩니다. 그보다는 세계 경제의 흐름을 알고 경제 구조를 파악하는 데 목표를 두고 읽어야 합니다. 평소에 궁금했던 경제에 관한 이야기로 가득한 이 책은 초등학교 3학년부터 6학년까지 사회 과목에 등장하는 경제 내용을 아이들이 쉽게 이해할 수 있도록 정리했습니다. 저자는 '세계의 경제 이야기'와 '합리적인 소비'에 관한 이야기를 들려줍니다. 아이들이 이제는 '상품을 만든 사람들의 삶'까지 생각할 수 있는 '착한 소비'에도 관심을 가질 수 있도록 여러 나라의 경제 사정을 알려 주려고 노력했어요. 이 책을 읽다 보면 경제란 잘 먹고 잘사는 것만이 아니라 다른 사람들의 삶의 질까지 고려하는 것이라는 사실을 깨달을 수 있습니다.

● **함께 읽으면 좋은 책**

열두 살에 부자가 된 키라 보도 섀퍼 글 | 김준광 옮김 | 을파소

열두 살짜리 소녀 키라가 말을 할 줄 아는 '머니'라는 개를 만난 후에 경제 박사가 되는 과정을 보여 주는 책입니다. 아이들이 생활 속에서 쉽게 실천할 수 있는 경제에 관해 들려줍니다.

지구를 구하는 경제책 강수돌 글 | 최영순 그림 | 봄나무

사람을 살리고 지구를 구하는 경제, '살림살이 경제'를 새로 배우고 실천하는 방법을 알려 줍니다. 단지 돈을 버는 일에만 집중하다 보면 진정한 경제의 의미를 놓치게 된답니다.

셋째 날
생각하며 걷기

1. 다음 문제를 읽고 〈보기〉에서 정답을 찾아보세요.

> **보기**
> 자동차와 전기전자 산업, 스와데시 운동, 싱가포르, 그라민 은행, 루피, OPEC, 값싼 노동력과 거대한 시장, 공정 무역, IMF, 두바이

1. 세계 각국이 앞다투어 중국에 공장을 만든 이유

2. 일본의 경제 성장을 이끈 대표적인 산업

3. 간디가 인도에서 일으킨 자급자족 운동

4. 인도의 화폐

5. 이란, 쿠웨이트, 이라크, 사우디아라비아, 베네수엘라 등의 5개 석유 생산국이 만든 석유수출 기구

6. 세계 유명 은행의 지점이 거의 다 모여 있는 금융 허브

7. 가난한 사람들에게만 돈을 빌려 주는 방글라데시의 은행

8. 가난한 나라의 어른들이 만든 물건을 적정한 가격을 주고 수입하는 일

9. 외화가 필요한 회원국에게 돈을 빌려 주는 국제 통화 기금

10. 아랍에미리트의 금융 중심지이며 유명한 호텔이 있는 국제 무역항

2 다음은 유럽의 어느 나라에 관한 설명인지 나라 이름을 써 보세요.

1. 대서양을 통해 인도로 가는 뱃길을 개척하는 일에 선두를 섰던 나라

2. 다국적 기업의 본사가 많은 풍차의 나라

3. 와트의 증기 기관으로 산업 혁명을 일으켜 면직 공업과 철강 공업, 석탄 공업, 운송 수단의 발전을 가져온 나라

4. 철강 기술로 태어났고, 무선 통신 기술로 수명을 연장할 수 있는 에펠탑이 있는 나라

5. 세계 국제 박람회의 70%가 열리는 나라

6. 로마 제국과 르네상스 시대의 수많은 건축물과 예술품이 있어서 세계 최대의 관광 산업으로 돈을 버는 나라

7. 세계에서 가장 긴 단일 철도인 시베리아 횡단 철도를 따라 도시가 발달한 나라

3 다음 질문의 답을 써 보세요.

1. 일정 기간마다 이자가 원금에 더해져서 새로운 원금이 되고 거기에 또 이자가 붙는 방식은?

2. 회사를 만드는 데 필요한 자본금을 여러 개인이나 단체들로부터 모아서 만든 회사는?

3. 어떤 상품이나 서비스를 제공하는 기업이 하나인 경우는?

4. 첨단 기술과 아이디어를 개발해 사업에 도전하는 중소기업은?

5. 캐나다에서 자기 집 정원에 원하는 채소를 가꾸는 텃밭은?

뛰어 넘기

1 심각한 식량 부족으로 고민하던 쿠바 정부가 선택한 방안은 무엇인가요?

2 코스타리카는 자연 보호에 많은 관심을 기울여서 국토의 1/4이 국립공원으로 지정되어 있어요. 개발을 제한하고 자연을 보호하는 일이 경제생활과 어떤 관련이 있을까요?

3 새똥이 쌓여 만든 인광석을 수출하여 부자가 된 나우루라는 나라가 경제적인 혼란을 겪게 된 사례에서 우리가 배울 점은 무엇인지 생각해 보세요.

④ 지구 환경을 지키는 범위 내에서 자원을 개발하는 이른바 '지속 가능한 개발'이 필요한 까닭은 무엇인가요?

⑤ 가난을 벗어나기 위해 세계은행의 도움으로 신발 공장을 지었지만 결국 공장이 문을 닫게 되자 탄자니아 정부는 어떤 것을 깨달았나요? 그 후 탄자니아에는 어떤 변화가 일어났나요?

⑥ 뉴질랜드의 마오리 족처럼 우리나라의 전통문화 상품 중에서 세계 시장에서 경쟁력을 가질 수 있는 상품은 어떤 것이 있을까요?

넷째 날

높이 날기

다음 활동 중에 한 가지를 선택하여 독후활동을 해 보세요.

1. 자신이 얼마나 경제적으로 생활하고 있는지 점검해 보기 위해서 '용돈 기입장'을 써 보세요.

　　　　의 용돈일지

월	일	내용	수입(원)	지출(원)	잔액(원)

이렇게 했어요!

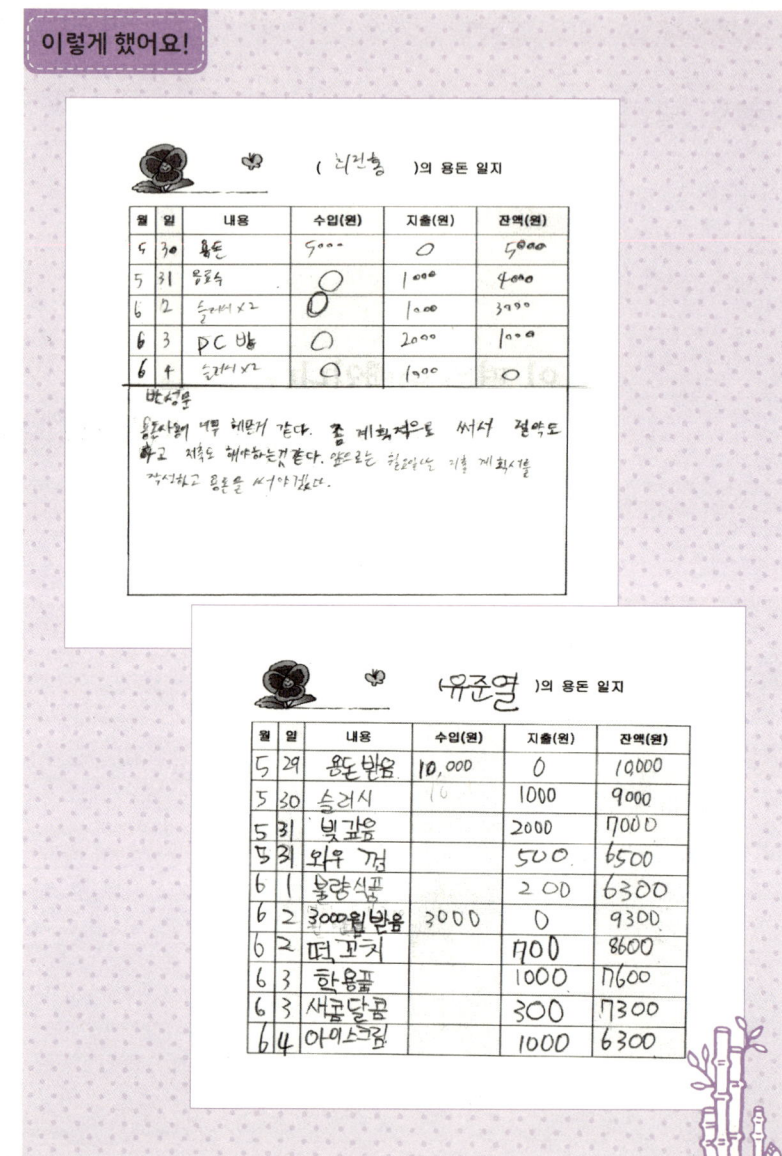

② 책에 나오는 경제 용어를 정리하여 노트에 나만의 '경제 용어 사전'을 만들어 보세요.

아이랑 함께 더 알아보기

알아 두면 좋은 경제 용어

- **수요** 어떤 것을 사려고 하는 것.
- **공급** 판매 또는 교환하려고 물건을 시장에 내놓는 것.
- **수요공급의 법칙** 수요함수와 공급함수의 교차점, 즉 수요와 공급의 일치점에서 가격이 정해지는 현상을 수요공급의 법칙이라고 한다.
- **OEM[original equipment manufacturing]** 생산품에 자기 상표가 아니라 주문자의 상표를 붙이는 방식. 품질 관리는 상표의 권리자가 맡고 생산은 중국과 동남아시아처럼 노동력이 저렴한 나라에 맡길 때 많이 사용하는 방식이다.
- **무역** 나라와 나라가 서로 물건을 사고파는 일.
- **착한 소비** 공정 무역을 통해 수입한 물건을 사자는 운동.
- **환율** 서로 다른 종류의 돈을 바꿀 때 적용되는 비율. 1달러를 바꾸는 데 1,200원이 필요하면 미국 달러에 대한 우리나라 원화의 환율은 1,200원이다.
- **외환 보유액** 갑자기 외국에 진 빚을 갚아야 하거나 국제 수지가 나빠질 때를 대비해 국가가 가지고 있는 외화.
- **유럽 공동체** EC, 유럽 경제 공동체, 유럽 원자력 공동체, 유럽 석탄 철강 공동체 등을 통틀어 이르는 말.
- **세계은행** 국제 부흥 개발 은행으로 제2차 세계 대전 뒤 경제를 부흥시키고 후진국을 개발하려고 설립한 국제 은행.
- **복리 이자** 복리는 일정기간의 기말(期末)마다 이자를 원금에 가산하여 그 합계액을 다음 기간의 원금으로 하여 계산하는 방법.
- **포드 시스템** 헨리 포드가 원가를 줄이고 생산 능률을 올리려고 고안한 '3S'원칙'과 이동식 조립 라인에 의한 대량 생산 방식.
- **수출 자유 지역** 정부가 외국인의 투자를 유치하고 수출을 진흥할 목적으로 면세 따위의 혜택을 주는 특정한 지역.
- **자유무역협정(FTA)** 특정 국가 간의 상호 무역 증진을 위해 물자나 서비스 이동을 자유화시키는 협정. 무역자유화를 실현하기 위한 특혜무역협정이다.

독서지도 레시피

02

이 시기에는 어떤 책을 읽어야 할까요?

- **내 삶의 가치 찾기** 마당을 나온 암탉
- **역사를 알면 수학이 더 즐거워** 어린이를 위한 수학 역사 1

사춘기의 변화와
지적 욕구를 고려하여 책을 권하세요

이 시기의 아이들은 감정이 성숙해지면서 사춘기에 접어듭니다. 그래서 사소한 일에 감정이 흔들리기도 하고 예민해지기도 하죠. 지적 호기심은 왕성해져서 다른 세계에 대한 관심과 탐구심이 커지고 논리력은 확장이 될 때예요. 그동안 독서 활동을 잘 해온 아이들이라면 독서력도 향상되고 감성도 발달하는 독서의 황금기이기도 합니다. 그렇기 때문에 이 시기에는 아이들의 감성 능력과 지적 능력을 충족시켜 줄 수 있는 다양한 책을 권해 주어야 합니다.

우선 이 시기의 아이들은 감정 변화가 커질 때이므로 정서 발달에 도움이 되는 다양한 문학책을 선정해 주세요. 이 시기의 아이들은 이성 교제, 친구 사귀기, 학업 문제, 외모 등 자신의 생활과 관련된 동화를 선호하고 정서적인 문제를 깊이 있게 다루어서 심리 변화를 경험할 수 있는 책을 좋아하지요. 그러므로 생활에서 경험할 수 있는 다양한 일들을 동화를 통해 간접 경험하게 하거나, 책 속 인물이나 사건을 자신의 생활과 비교하게 만드는 성장 동화를 읽히기 적절한 시기예요.

또한 탐정, 과학, 역사, 사회 등의 문제를 다룬 책도 좋아하는데 이런 책은 아이들의 논리력과 상상력을 자극하기 때문이에요. 특히 탐정소설은 주인공이 또래이면서 사건을 논리적이고 과학적으로 풀어 가는 내용이 좋아요. 이상심리를 다루었거나 문제해결 과정이 비논리적이라면 좋은 탐정소설이 아니에요.

과학도서나 역사도서는 아이들의 독서력이나 배경지식에 따라 같은 학년이라도 읽기 수준이 차이가 많이 나므로 아이의 수준에 맞는 책을 선택해야 해요. 사회와 관련된 책은 지리, 경제, 역사, 시사, 문화 등 넓은 범위를 포함하므로 다양한 분야의 책을 두루 읽히는 것이 중요합니다.

여자아이와 남자아이의 독서 경향이 현저하게 차이가 나는 시기이기도 해요. 여자아이들은 주로 사랑 이야기나 슬픈 이야기를 다룬 창작 동화나 판타지를 좋아하고, 남자아이들은 모험이나 탐정, 역사를 다룬 책들을 좋아하는 경향이 있어요. 부모님은 이러한 편독이 지속되지 않도록 다양한 책을 적절히 권해 주어야 한답니다.

이때에는 '읽는다'는 개념을 확대시켜 영화, 신문, 잡지, 그림 등의 매체와 연결시켜도 좋아요. 특히 요즘 아이들은 영화나 신문, 잡지 등의 매체 수용 능력이나 활용 능력이 뛰어나므로 다양한 읽을거리를 여러 매체와 연결하면 아이들의 독서 흥미를 확대시킬 수 있어요.

고학년 아이들에게는 독서지도를 할 때 다음 세 가지를 명심해야 해요. 첫째, 감정이 성숙해지고 논리력이 향상되는 시기이며 성별에 따라 독서 경향에 차이가 날 수 있으므로 편독하지 않도록 다양한 책을 권해 주세요. 둘째, 이성·친구·학업·성장·탐정·역사·사회·과학 등의 다양한 주제를 권해 주어 사춘기의 정서 발달을 돕고 왕성한 지적 호기심을 충족시켜 주세요. 셋째로는 영화나 신문, 그림, 잡지 등의 다른 매체와 연결하여 읽기를 촉진시켜서 아이들이 독서에 흥미를 가질 수 있도록 해 주세요.

내 삶의 가치 찾기

● 마당을 나온 암탉 황선미 글 | 사계절

관련교과 국어
5. 1. 1. 문학의 즐거움
6. 1. 1. 상상의 날개
6. 1. 7. 문학의 향기

학습목표
1. 암탉 잎싹의 여정을 통해 소망을 실현해 가는 의미를 알 수 있다.
2. 삶의 진정한 가치와 그 가치를 찾기 위한 노력의 중요성에 대해 생각해 볼 수 있다.

● **독서지도 포인트**

잎싹은 알을 품어 병아리를 낳는 닭이 되고 싶다는 소망을 간직하며, 스스로 거친 들판으로 나오는 닭이지요. 마당을 스스로 걸어 나온 잎싹이 온갖 고난을 겪으며 진정한 삶을 얻게 된다는 성장 동화입니다. 잎싹의 모습은 어린이들에게 '나는 누구인가.' 하는 정체성 문제, '어떻게 살아야 하는가.'에 대한 삶의 근본적인 문제를 스스로 질문하고 성찰하게 만들어 줄 거예요. 그러면서 내 꿈을 향해 어떻게 한 발 내딛으면 좋은지를 귀띔해 줄 거예요.

이 책에 나오는 등장인물은 암탉, 청둥오리, 족제비 등인데 그 동물들의 모습을 우리 삶의 모습에 빗대어 이해할 수 있도록 하는 것이 중요합니다.

● **함께 읽으면 좋은 책**

꽃들에게 희망을 트리나 폴러스 글·그림 | 김석희 옮김 | 시공주니어

삶의 의미를 찾기 위해 자신의 참 자아를 발견하는 길을 알려 주는 나비의 이야기입니다. 시행착오 과정을 겪으면서 결국 나비가 되는 애벌레의 이야기는 우리에게 희망과 용기를 줍니다.

잃어버린 자전거 마리온 데인 바우어 글 | 이승숙 옮김 | 내인생의책

친한 친구 사이지만 서로에게 지기 싫어하는 열네 살 조엘과 토니는 주립공원으로 자전거 여행을 합니다. 그 여행은 조엘에게 '각자의 선택에 따른 삶에 책임을 져야 한다.'는 삶의 진실을 알려 줍니다.

첫째 날

생각하며 걷기

1. 주인공인 양계장 암탉은 왜 자신의 이름을 '잎싹'이라고 지었을까요?

2. 잎싹은 어떻게 해서 양계장을 나와 마당으로 오게 되었나요?

3. 마당으로 들어온 잎싹이 다시 마당을 나온 까닭은 무엇일까요?

4. 자신이 낳은 알이 아닌데도 잎싹이 알을 품은 까닭은 무엇일까요?

5. 잎싹이 알을 품는 동안 청둥오리 나그네는 왜 소리를 지르고 뛰어다녔을까요?

6 잎싹이 경험한 세 가지의 기적은 무엇인가요?

7 초록머리는 왜 다시 마당으로 돌아가고 싶어 했을까요?

8 주인 여자는 청둥오리 나그네와 달리 마당으로 돌아온 초록머리를 기둥에 묶지요. 아기 오리 초록머리와 청둥오리 나그네의 어떤 점이 달라서 그랬을까요?

9 청둥오리 새떼들이 왔을 때 초록머리는 잎싹의 날갯죽지에 얼굴을 묻으며 "엄마, 왜 이렇게 가슴이 뛰지?"라고 말했어요. 이때 초록머리의 마음은 어땠을지 상상해 보고 그 까닭을 생각해 보세요.

⑩ 잎싹의 세 가지 소원은 무엇이었나요? 그 소원은 어떻게 되었나요?

⑪ 잎싹이 정성을 다해 키운 초록머리를 청둥오리 떼와 함께 날려 보낸 것에 대해 어떻게 생각하나요?

⑫ 족제비가 잎싹을 죽이려고 할 때 잎싹이 순순히 죽음에 응해 준 까닭은 무엇일까요?

뛰어 넘기

1 '마당'을 '나왔다'는 무슨 의미일까요?

- '마당'의 의미:

- '나왔다'의 의미:

2 잎싹이 양계장의 닭들보다 힘든 삶을 선택한 것은 진정한 삶의 가치를 무엇이라고 생각했기 때문일까요?

3 잎싹은 자신의 이름을 스스로 '잎싹'이라고 짓습니다. 자신의 이름을 새로 짓는다는 것은 무슨 의미일까요? 내 이름도 새로 짓는다면 어떻게 지으면 좋을지 생각해 보고 그 의미도 말해 보세요.

④ 세 종류의 닭이 사는 곳의 의미는 무엇일까요?

닭의 종류	사는 곳	의미
양계장의 닭	양계장	
마당의 닭	마당	
들판의 닭	들판	

⑤ 암탉과 족제비, 청동오리, 수탉, 개는 각각 삶에 대해 어떤 태도를 가진 인간들을 상징할까요?

	상징하는 인간의 모습
암탉	
족제비	
청동오리	한쪽 날개를 다쳤지만 자신의 본성을 잃지 않고 최선을 다해 살아가는 청동오리 나그네는 힘들어도 자신의 존엄성을 지키며 살고자 하는 인간을 의미한다.
수탉	
개	

6 나도 잎싹이나 청둥오리처럼 왕따를 당한 경험이나 다른 사람과의 갈등 때문에 고민에 빠졌던 적이 있나요? 있다면 그때의 경험과 기분을 말해 보세요.

7 잎싹이 마당을 나간 것처럼 나도 사회 규칙이나 질서를 벗어나고 싶었던 적이 있나요? 있다면 언제, 왜 그랬는지 그때의 상황을 말해 보세요.

8 잎싹이 소망을 품지 않았다면 이야기가 어떻게 달라졌을까요? 달라질 이야기를 상상해 보고 소망을 품고 실천하는 것의 의미에 대해 생각해 보세요.

둘째 날

높이 날기

다음 활동 중에 한 가지를 선택하여 독후활동을 해 보세요.

① 나는 어떤 꿈을 간직하고 있나요? 그 꿈을 실현하기 위해 어떤 노력을 하고 있나요? 내 꿈을 생각해 보고 그 꿈을 이루기 위한 계획을 세워 보세요.

★ **계획을 세우는 방법은?**

- 내 꿈이 무엇인지를 생각한다.
- 꿈을 이루기 위해 무엇이 필요하고 무엇을 해야 하는지 항목을 정한다.
- 20~30년 후까지 장기계획을 세운다.
- 마인드맵이나 표를 이용하여 정리한다.

이렇게 했어요!

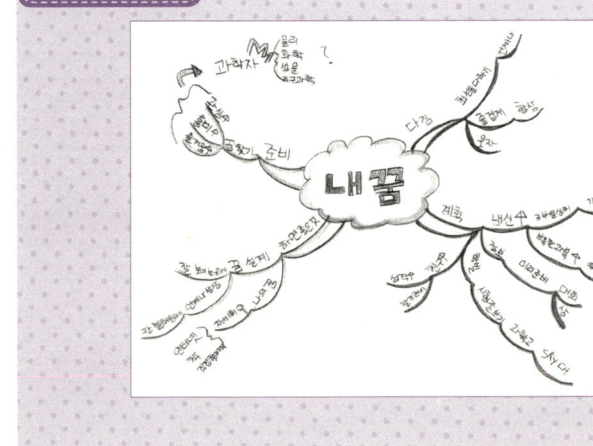

❷ 잎싹의 삶을 자신의 삶과 연관시켜 공책에 독서감상문을 써 보세요.

★ **독서감상문을 쓸 때는?**
- 생활문, 편지글, 소개글 등 어떤 형식으로 쓸지 정한다.
- 글의 형식에 맞게 처음, 가운데, 끝에 들어갈 내용을 구상한다.
- 어떤 형식의 감상문이든 내 경험과 생각을 연관시켜 쓰도록 한다.

이렇게 했어요!

유채영. 독서감상문

편지글.  (문문!)

To. 잎싹

안녕! 나는 너가 나온 '마당을 나온 암탉'을 읽은 많은 사람 중에 한사람이야. 그 책을 읽고 나서 너가 참 존경스러웠어. 자기가 가진 그꿈때문에 죽지않고 살아난 것과 자신의 꿈을 이루기 위해 알을 낳아서 족제비 를 피해다니며 초록머리를 아주 멋진 파수꾼으로 키워낸것. 세상에 많은 생물들이 자신이가진 꿈을 이루지 못하는 경우가 많은데 너는 보란듯이 그렇게 성공했잖아. 나는 그런점에서 너를 존경해. 나는 아직 꿈이 없지만 지금 내가하는 것에 최선을 다해 하지만 의지가 약해서 공부를 잘하지않아. 하지만 너가 족제비의 눈을 쪼아서 맞짱을 뜬라친것과 같이 나도 여러 유혹들을 물리쳐 공부를 더욱더 열심히 할거야. 그리고 자신의 소망을 다 이룬뒤에는 그냥 하늘을 날지 않고 끝까지 다른 이에게 도움을 주고 잖잖아? 그것도 바로 니가 궁금해맣던 족제비 새끼들의 먹이로. 만약에 내가 너였더라면 그렇게 힘들일은 하지 못했을 거야 나같았으면 그냥 폐계가 되고서 구덩이에 버려져 죽음을 당했볼 거야 아니면 족제비 먹이가 되거나. 나는 이책에서 내가 이뤄낸 그 기적들을 보면서 나는 깨달았어. 자신바라 오는 기적은 아무노력 없이 이루어 지지 않을 것이라는 것을.... 이책을 읽고 나서 많은 것을 깨달았어. 너에게 고마워 뵙었다. Thanks!

2010년 4월 17일 오늘 날씨가 더욱더 많이도나날 쓰는 편지야
From. 채영.

아이랑 함께 더 알아보기

마당을 나온 암탉

이 책은 애니메이션으로도 만들어졌어요!

마당을 나온 암탉, 잎싹

- 애니메이션 / 가족, 모험(2011년)
- 감독 오성윤
- 내용 알을 품어 병아리의 탄생을 보겠다는 소망을 간직하며 마당을 나온 암탉 '잎싹'이 온갖 어려움을 극복하고 자신의 꿈과 자유를 찾아가는 여정을 밀도 있게 묘사한 황선미 원작의 베스트셀러를 애니메이션으로 제작한 작품이다.

'마당을 나온 암탉'에 등장하는 동물들

- **닭** 꿩과의 새. 머리에 붉은 볏이 있고 날개는 퇴화하여 잘 날지 못하며 다리는 튼튼하다. 육용과 난용으로 육종된 수많은 품종이 있다. 달걀과 고기를 얻기 위해 집 또는 농장에서 기르는 가축이다. 우리나라에서 닭이 사육되기 시작한 정확한 시기는 알 수 없으나 신라 시조설화에 닭이 등장하고 있어 삼국시대 이전부터 사육되고 있었음을 알 수 있다. 닭은 야생의 멧닭이 가축화된 것이다.

- **청둥오리** 한국에 도래하는 오리류 중 가장 대표적인 겨울 철새이며 일부는 번식도 한다. 야생오리 중 집오리의 원종이다. 수컷은 암컷이 알을 낳으면 둥지를 떠나 수컷들만의 무리를 만들며, 새끼를 키우는 것은 암컷이 전담한다. 낮에는 해안·연못 등에서 쉬다가 밤에 나와 풀씨·곤충·새우 등을 잡아먹는다. 러시아·일본 등에서 번식하고, 9~11월에 남쪽으로 날아와서 겨울철을 보낸다.

- **수달** 털색은 암갈색, 몸 아랫부분은 다소 옅은 갈색. 턱 아랫부분은 흰색, 털색은 암갈색, 몸 아랫부분은 다소 옅은 갈색이다. 보통 단독생활을 한다. 족제빗과 동물 중 물속 생활에 가장 능숙하여 물 안에 들어가 먹이를 잡아먹기도 하고 몸을 숨기기도 한다. 강이나 바다 등 물가를 따라 서식하며 야행성이지만 낮에 활동하기도 한다.

출처 자연도감 동물정보

역사를 알면 수학이 더 즐거워

● 어린이를 위한 수학의 역사 1   후지와라 야스지로·이광연 글 | 살림어린이

관련교과 수학
5. 1. 5. 도형의 합동
5. 1. 8. 여러 가지 단위
5. 2. 7. 비와 비율
6. 1. 7. 비례식

학습목표
1. 수학에 대한 재미있는 일화를 읽으며 수학에 대한 흥미를 가질 수 있다.
2. 수학의 원리에 대해 이해할 수 있다.

● **독서지도 포인트**

수학의 역사를 쉽고도 재미나게 일러 주는 수학 교양서입니다. 특히 할아버지가 옛이야기를 들려주듯 맛깔스럽게 이야기를 풀어내고 있습니다. 이해를 돕기 위해 내용과 관련된 그림이 적절하게 배치되어 있어서 책을 읽는 즐거움을 더해 줍니다. 1권에서는 수의 탄생에서 피타고라스까지를 알아봅니다.

이 책은 수학에 대한 흥미를 느끼고, 수학의 원리를 이해하게 하는 책입니다. 실생활에서 수학의 원리가 어떻게 적용되어 지금의 수학이 되었는지를 이해하며 읽도록 합니다.

● **함께 읽으면 좋은 책**

어린이를 위한 수학의 역사 2 이광연 글 | 살림어린이

2권에서는 유클리드에서 분수의 탄생까지를 알아봅니다. 유클리드나 아르키메데스와 같은 고대 그리스 수학자의 이야기와 분수나 소수의 기원과 개념을 어린이의 눈높이에 맞게 설명합니다. 아울러 역법, 시계의 발전, 원주율의 역사, 아라비아 숫자의 기원 등을 해설합니다.

수학이 수군수군 샤르탄 포스키트 글 | 유광태 옮김 | 김영사

이 시리즈는 학습용 아동서라는 말이 무색할 만큼 유머와 농담, 기발한 에피소드 등으로 구성되어, 수학은 계산이 아닌 현상을 이해하는 것이라는 진리를 자연스럽게 터득하게 해줍니다. 숫자나 수식도 모두 자연스러운 자연현상임을 이해시켜 줍니다.

셋째 날
생각하며 걷기

1 문명이 열린 네 곳은 어디인가요?

2 강 주변에서 문명이 생겨난 까닭은 무엇인가요?

3 숫자나 셈법이 일정한 형식을 갖추기 전에 사람들은 무엇을 이용하여 셈을 했나요?

4 마야 사람들은 숫자를 무엇으로 나타냈나요?

5 '다섯'과 '열'을 우리 선조들도 손가락셈을 했다는 흔적을 볼 수 있는 근거는 무엇인가요?

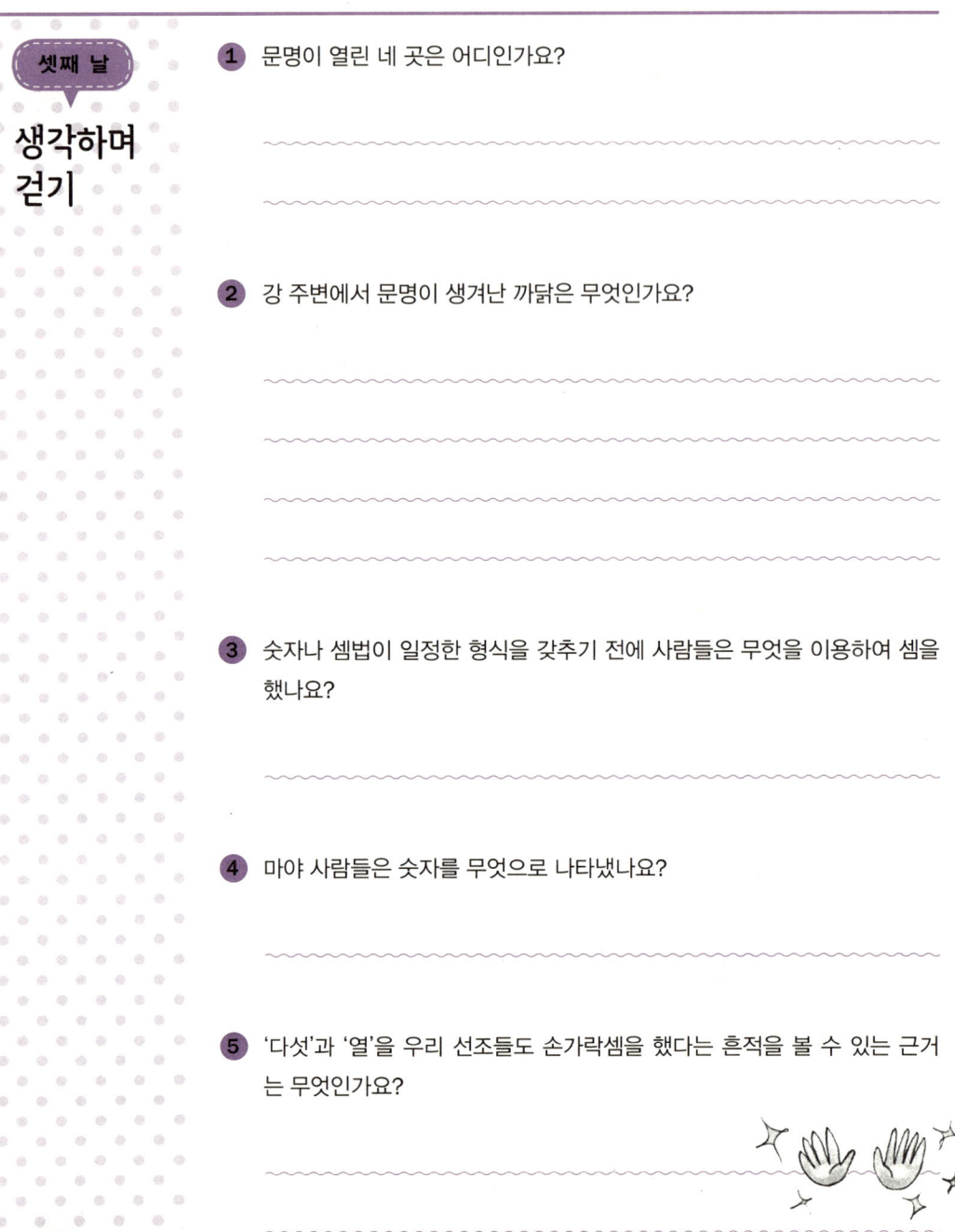

⑥ 십이진법은 열두 개씩 묶는 것을 말합니다. 12진법을 사용한 흔적을 알 수 있는 예는 무엇이 있나요?

⑦ 이진법을 표현하는 숫자는 무엇인가요?

⑧ 셀 수 없을 정도의 수를 표현하는 말과 기호는 무엇인가요?

⑨ 탈레스를 수학의 아버지라고 부르는 까닭은 무엇인가요?

⑩ 사물이나 동물의 모양을 본떠서 만든 문자를 무엇이라고 하나요?

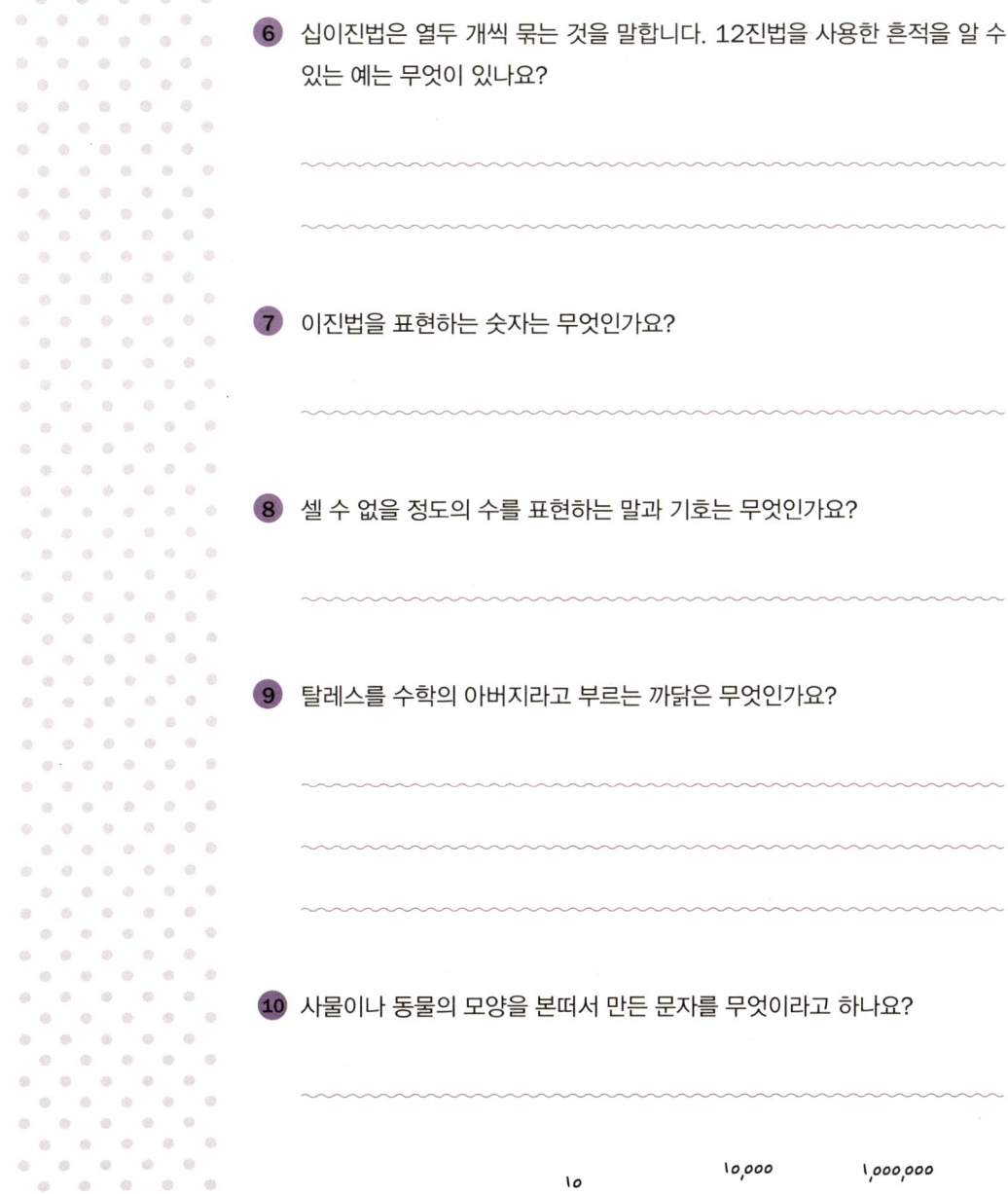

뛰어 넘기

1 탈레스는 비례의 법칙을 이용하여 피라미드의 높이를 측정했어요. 그림을 보고 탈레스가 피라미드의 높이를 어떻게 측정했는지 설명해 보세요.

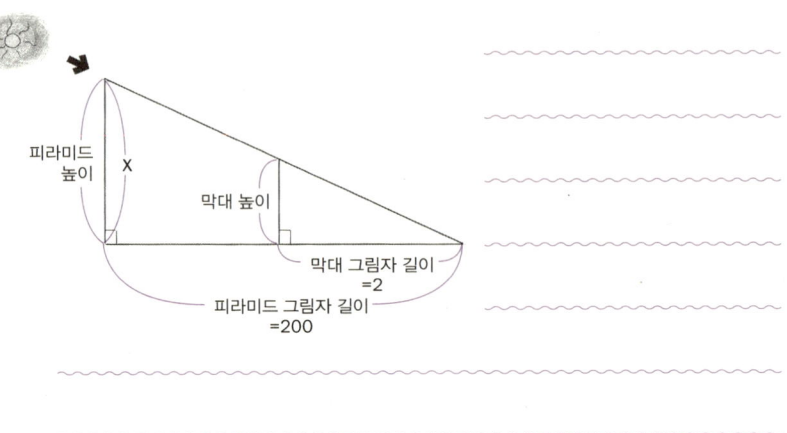

2 탈레스는 바다에 가지 않고도 배까지의 거리를 측정했어요. 그림을 보고 바닷가에서 배까지의 거리를 어떻게 측정했는지 설명해 보세요.

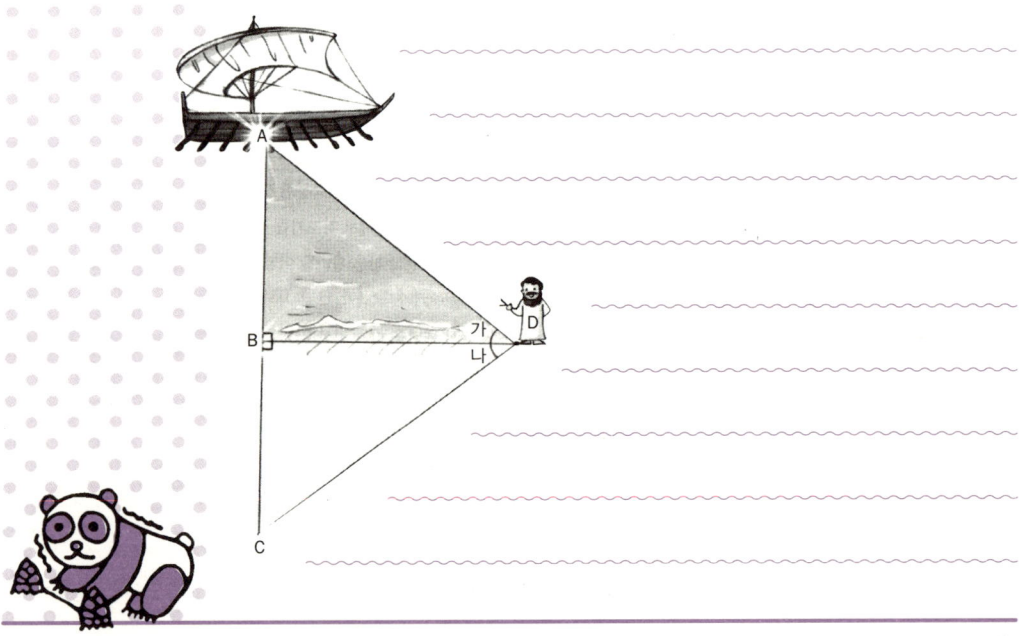

③ 나폴레옹은 자신의 모자를 가지고 어떻게 강의 너비를 알아냈나요?

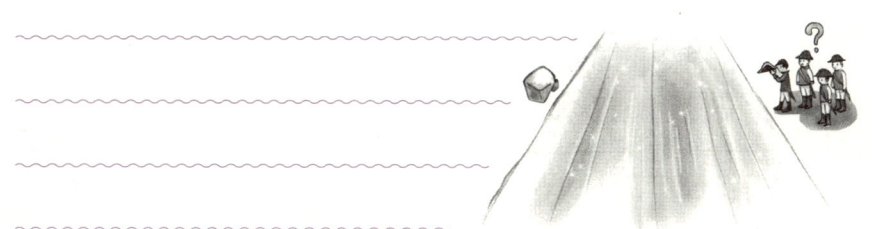

④ 이집트 숫자는 사물이나 동물의 모양을 본떠서 만들었어요. 〈보기〉의 이집트 숫자처럼 아래의 숫자를 상형문자로 만들어 보세요.

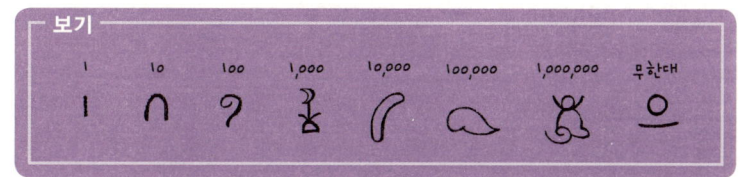

1	2	3	4	5	6	7	8

⑤ 나무꾼은 어떤 방법으로 나무의 높이를 쟀나요?

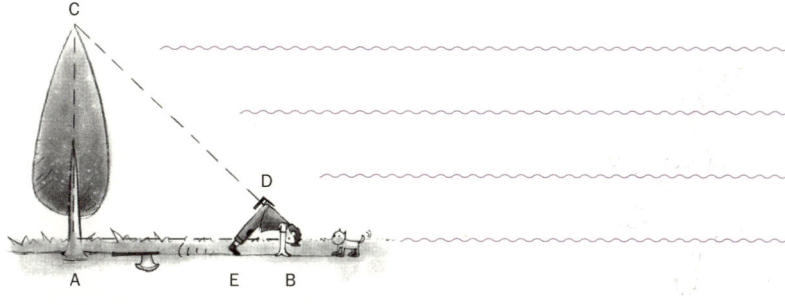

넷째 날

높이 날기

다음 독후활동을 해 보세요.

그림을 보고 '피타고라스의 정리'를 설명해 보세요.

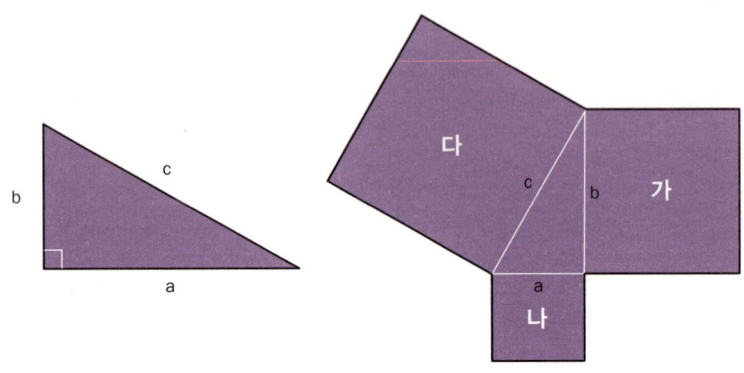

이렇게 했어요!

☆피타고라스의 정리

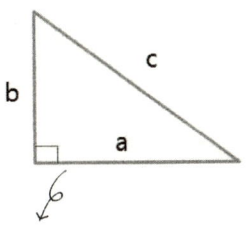
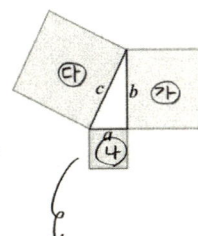

$a^2 + b^2 = c^2$

⟨직각삼각형에서 빗변의 제곱은 나머지 두 변의 제곱의 합과 같다.⟩

㉮의 넓이 + ㉯의 넓이 = ㉰의 넓이

⟨빗변의 길이를 한 변으로 하는 정사각형의 넓이는 다른 두 변을 한변으로 하는 정사각형 넓이의 합과 같다.⟩

| 아이랑 함께 더 알아보기 | # 신기한 수의 세계 |

세상에서 가장 신비로운 수

세상에서 가장 신비한 수는 142857이다. 평범해 보이는 이 수가 왜 그렇게 신비한 걸까? 142857에 1부터 6까지 차례로 곱해 보자.

$$142857 \times 1 = 142857$$
$$142857 \times 2 = 285714$$
$$142857 \times 3 = 428571$$
$$142857 \times 4 = 571428$$
$$142857 \times 5 = 714285$$
$$142857 \times 6 = 857142$$

이렇게 똑같은 숫자가 자릿수만 바뀌서 나타난다. 그러면 142857에 7을 곱하면 얼마일까? 답은 놀랍게도 999999이다. 게다가 142+857=999이고 14+28+57=99이다. 마지막으로 142857을 제곱하면 얼마가 될까? 142857을 제곱하면 20408122449라는 수가 나오는데 20408+122449=142857이 된다.

〈걸리버 여행기〉와 숫자

책에서 보면 '……그에게는 매일 릴리파트인의 1728 명분의 식량과 음료수를 지급한다.' 또, 걸리버는 이렇게 이야기하고 있다. '……300인의 요리사가 나를 위해 음식을 만들었다. 내 집의 주위에는 조그만 집이 지어졌고 그곳에서 취사를 하고 요리사를 하고 요리사들도 가족과 함께 거기에 살았다. 식사 때에 나는 20명의 하인들을 식탁 위에 올려놓아 주었다. 그러자 바닥에 있는 100명 정도의 하인들이 대기하고 있으면서 어떤 사람은 음식물이 담긴 접시를 올리고……' 그런데 릴리파트인들은 어떤 계산에서 이렇게 많은 음식물의 양을 정했는지 생각해 보자.

걸리버는 키는 릴리파트인의 12배였다고 한다. 릴리파트인은 걸리버 키의 12분의 1이지만 부피는 1728($=12 \times 12 \times 12$)분의 1이 된다. 따라서 릴리파트인은 걸리버에게 자기들의 1728명분에 해당하는 음식이 필요하다고 계산을 한 것이다. 또한 1728명분의 요리를 만드는 데는 한 사람의 릴리파트인의 요리사가 릴리파트인 6인분의 요리를 만들 수 있다고 해도 적어도 300명은 필요했을 것이다. 따라서 하인이 100명 정도 있었다는 것도 납득할 수 있다.

독서지도 레시피 03

고학년 때는 왜 성장 동화를 읽어야 할까요?

- 아픈 만큼 키가 자라요 너도 하늘말나리야
- 용기와 희생으로 이룬 기적 웨인스콧 족제비

정체성을 깨닫고 세상과 소통하기 위해
성장 동화를 읽어요

고학년은 사춘기로 접어드는 시기입니다. 신체적 성장과 정신적 성장이 함께 이루어지며, 자신만의 개성과 자아 정체성을 찾아가는 시기이기도 하죠. 흔히 질풍노도의 시기라고도 하지만 아이들은 이 시기에 사회적 관계의 영역을 넓히며 자신만의 세계를 구축해 나갑니다. 아이들이 '나는 누구인가', '어떻게 살 것인가'와 같은 순수한 고민에 빠질 수 있으므로 그러한 고민을 스스로 해결할 문제해결 능력을 길러 주고 올바른 가치관을 심어 주기 위해서 성장 동화를 읽혀야 해요.

성장 동화는 어린아이가 어린 티를 벗고 정신적으로 성장해 나가는 이야기를 담고 있는 동화입니다. 아이에서 어른이 된다는 것은 세상을 배워 나간다는 의미죠. 아이들이 배워야 할 세상은 반드시 정의롭거나 아름답지만은 않은 세상일 수도 있어요. 순수하고 해맑은 동심으로 바라보던 아름다운 세상이 아니라 아픔과 거짓이 존재하는 세상의 또 다른 모습을 비로소 깨닫게 되는 것입니다.

페리 노들먼은 문학을 읽는 즐거움 중에 하나를 '우리 자신을 비추는 거울을 발견하는 즐거움'으로 꼽고 있습니다. 문학 작품 속의 허구의 인물을 통해 자신을 동일시하는 데서 즐거움을 얻을 수 있다는 말이에요.

성장 동화 속에서는 평범하거나 혹은 그보다 못한 등장인물이 나와요. 그리고 그 인물은 일련의 사건을 겪으면서 내면의 자아를 성숙시키고 부조리한 세상과 화해하며 성장해 나갑니다. 아이들은 성장 동화에 등장하는 이러한 인물과 자신을 동일시하며 한편으로는 안심하고 한편으로는 반성하기도 하면서 자신의 정체성을 찾아갑니다.

성장 동화는 주인공이 아픔과 고난을 겪으며 좌절하지 않고 아픔을 통해 자신을 성장하는 계기로 삼는 이야기가 주를 이룹니다. 요즘 성장 동화의 소재는 가정이나 학교에서 발생하는 어려움이 주를 이룹니다. 동화 속의 등장인물들은 주로 부모님과의 문제나 친구 문제로 아픔을 겪게 되고 이를 통해 세상을 조금씩 이해하고 알아가게 된답니다. 그래서 책을 읽는 아이들도 고난을 통해서 성장하는 책 속의 인물들의 모습에서 자신의 감춰진 어두운 면을 발견하고 이를 동일시하게 되고, 마찬가지로 주인공의 극복 의지를 통해 자신도 고난 앞에서 당당하게 맞설 수 있는 용기를 배우게 됩니다.

동화 속의 이야기처럼 현실에서도 부모님의 이혼이나 친구 문제, 이성 교제와 왕따 문제 혹은 열등감이나 장애 등이 아이들을 힘들게 합니다. 하지만 이러한 어려움 속에서도 아이들은 살아가는 법을 배우며 그래도 세상은 아름다운 곳이라는 깨달음을 얻습니다.

사춘기가 시작되는 이 시기에는 성장 동화를 읽게 함으로써 '나 혼자만 힘든 게 아니구나.', '나만 아픈 게 아니구나.'라고 깨닫게 하고 또한 주인공의 행동과 말을 통해서 '나도 좌절하지 않고 살아가야겠다.'는 희망을 가질 수 있도록 도와주어야 해요.

아픔만큼 키가 자라요

● 너도 하늘말나리야 이금이 글 | 푸른책들

관련교과 국어
5. 1. 4. 주고받는 마음
5. 2. 7. 이야기와 삶
6. 1. 8. 함께하는 마음

학습목표
1. 세 명의 아이들의 아픔과 그 아픔을 극복해 나가는 과정을 알 수 있다.
2. 다른 사람의 아픔을 이해하는 법을 배우며 진정한 친구의 의미를 알 수 있다.

● **독서지도 포인트**

각각 다른 아픔을 간직한 채 살아가는 미르와 소희, 바우의 이야기예요. 부모님이 이혼하여 엄마와 함께 살게 된 미르, 부모님이 모두 돌아가셔서 할머니와 함께 살고 있는 소희, 엄마가 돌아가신 충격으로 말을 할 수 없게 된 바우, 각자 크고 작은 아픔을 가지고 있지만 그 아픔을 통해 서로를 보듬고 성장해 가는 아이들의 모습을 아름답게 보여 주는 동화책입니다.
일상의 사소함이나 가정사에서 빚어진 큰 상처까지 아이들에게는 성장통이 돼요. 이러한 성장통을 겪으며 아이들의 내면은 성장하고, 다른 사람들의 아픔까지 끌어안아 줄 수 있습니다. 인물의 심리적 변화의 원인과 결과를 잘 파악하면서 읽으면 주제를 쉽게 파악할 수 있어요.

● **함께 읽으면 좋은 책**

홍당무 쥘 르나르 글 | 강정규 옮김 | 삼성출판사
주인공 홍당무는 가족들에게 구박만 받는 외톨이 신세지만 항상 유쾌하고 재치 있게 행동합니다. 작가는 이 이야기를 통해 사춘기 소년의 일상과 진실을 독특하게 그려 내고 있습니다.

문제아 박기범 글 | 창비
'문제아', '독후감 숙제', '끝방 아저씨', '겨울꽃 삼촌' 등 10편의 동화가 일기형식으로 수록되어 있습니다. 생생한 묘사와 서술로 따스한 동심을 표현하고 있지만 주제와 내용면에서는 사회 체제에 대한 따끔한 지적이 돋보이는 책입니다.

첫째 날
생각하며 걷기

1 미르가 엄마와 함께 시골로 이사를 온 까닭은 무엇인가요?

2 미르가 자신은 절대로 행복해지지 않을 거라고 다짐한 까닭은 무엇인가요?

3 소희가 미르를 처음 보았을 때 느낌은 어떠했는지 말해 보세요.

4 소희가 자신을 조개라고 여기며 어떤 상처에도 겁내지 않게 된 까닭은 무엇인가요?

5 바우가 말을 하지 않게 된 까닭은 무엇인지 말해 보세요.

6. 바우는 왜 소희를 '하늘말나리꽃'을 닮았다고 생각하나요?

7. 바우는 왜 미르와 이야기를 나누고 싶었나요?

8. 말을 하지 않던 바우가 말을 하게 된 것은 어떤 계기였나요?

9. 바우의 아버지가 미르의 엄마에게 꽃을 선물했다는 것을 알았을 때 미르는 어떻게 했나요?

10. 소희는 왜 달밭과 친구들을 떠나 작은아빠의 집으로 가야 했나요?

뛰어 넘기

1 미르와 소희, 바우가 각각 가진 아픔과 세 명의 아이들이 그 아픔을 표현하는 방법이 어떻게 다른지 말해 보세요.

2 미르를 처음 본 날 소희는 일기장에 '혼자만의 얼굴을 본 사람이 가져야 할 예의'에 대해 씁니다. 여러분이 가진 '혼자만의 얼굴'은 어떤 표정인가요?

3 미르가 반 아이들에게 괴롭힘을 당할 때 소희는 미르를 직접적으로 괴롭히지는 않았지만 죄책감을 느낍니다. 소희가 죄책감을 느낀 까닭과 자신도 이와 비슷한 경험이 있는지 말해 보세요.

④ 봄에 피는 제비꽃을 '겨우내 들이 꾼 꿈 중에서 가장 예쁜 꿈'이라고 표현했습니다. 이 동시가 소희에게 의미를 지니는 까닭은 무엇인가요?

⑤ 진료소의 마당에 서 있는 오백년 된 느티나무는 미르에게 어떤 의미가 되었나요? 나에게 느티나무와 같은 존재는 누구인지, 왜 그렇게 생각하는지 말해 보세요.

⑥ '나도 하늘말나리야'라고 생각해 본 적이 있다면 언제 그랬는지 말해 보세요. 또는 '너도 하늘말나리야'라고 말해 주고 싶은 사람이 있나요?

둘째 날

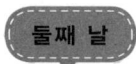

높이 날기

다음 독후활동을 해 보세요.

소희와 미르, 바우의 아픔을 마음으로 이해하게 되었나요? 그럼, 이제 세 아이 중 한 명에게 진심을 담아 편지를 써 보세요.

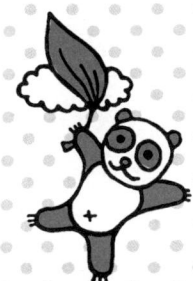

이렇게 했어요!

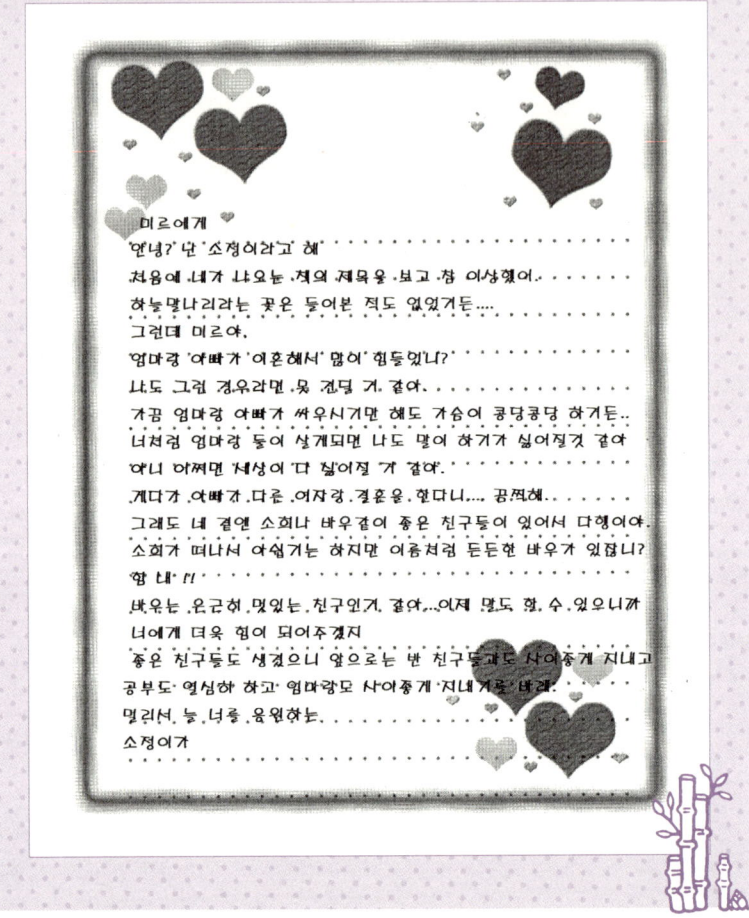

미로에게

안녕? 난 소정이라고 해.
처음에 내가 나오는 책의 제목을 보고 참 이상했어.
하늘땅나라라는 곳은 들어본 적도 없었거든....
그런데 미로야.
엄마랑 아빠가 이혼해서 많이 힘들었니?
나도 그럴 경우라면 못 견딜 거 같아.
가끔 엄마랑 아빠가 싸우시기만 해도 가슴이 콩당콩당 하거든..
너처럼 엄마랑 둘이 살게되면 나도 많이 하기가 싫어질것 같아
아니 어쩌면 세상이 다 싫어질 거 같아.
게다가 아빠가 다른 여자랑 결혼을 한다니... 끔찍해..
그래도 네 곁엔 소희나 바우같이 좋은 친구들이 있어서 다행이야.
소희가 떠나서 아쉽기는 하지만 이름처럼 든든한 바우가 있잖니?
힘 내!!
바우는 은근히 멋있는 친구인것 같아...이제 말도 할 수 있으니까
너에게 더욱 힘이 되어주겠지
좋은 친구들도 생겼으니 앞으로는 반 친구들과도 사이좋게 지내고
공부도 열심히 하고 엄마랑도 사이좋게 지내기를 바래.
멀리서 늘 너를 응원하는
소정이가

아이랑 함께 더 알아보기

《너도 하늘말나리야》에 나오는 꽃

하늘말나리꽃 (백합과)

난형의 비늘줄기가 있다. 줄기는 1m 정도로 곧게 자라고 털이 없다. 잎은 어긋나는 잎과 돌려나는 잎이 있다. 돌려나는 잎은 끝이 급하게 뾰족한 좁은 피침형으로 6~12개씩 줄기의 중앙에 달린다. 어긋나는 잎은 줄기의 윗부분에 달리고 위쪽의 것일수록 더욱 작다. 7~8월에 줄기 끝에 1~3개의 황적색 꽃이 위를 향해 핀다. 꽃잎은 피침형으로 약간 뒤로 젖혀지며 자주색 반점이 있다. 전국의 산기슭이나 낙엽이 두껍게 쌓인 그늘진 곳에서 주로 생육하는 다년초로서 한국, 중국에 분포한다. 추위에는 강한 편이지만 건조에는 약한 모습을 보인다.

엉겅퀴꽃(국화과)

산과 들의 풀밭에서 자라는 여러해살이 풀이다. 약용으로도 쓰인다. 가시나물이라고도 한다. 산이나 들에서 자란다. 줄기는 곧게 서고 높이 50~100cm이고 전체에 흰 털과 더불어 거미줄 같은 털이 있다.

제비꽃

장수꽃·병아리꽃·오랑캐꽃·씨름꽃·앉은뱅이꽃이라고도 한다. 들에서 흔히 자란다. 높이 10cm 내외이다. 원줄기가 없고 뿌리에서 긴 자루가 있는 잎이 자라서 옆으로 비스듬히 퍼진다. 잎은 긴 타원형 바소꼴이며 끝이 둔하고 가장자리에 둔한 톱니가 있다. 꽃이 진 다음 잎은 넓은 삼각형 바소꼴로 되고 잎자루의 윗부분에 날개가 자란다. 꽃말은 겸양(謙讓)을 뜻하며, 흰제비꽃은 티없는 소박함을 나타내고 하늘색은 성모 마리아의 옷 색깔과 같으므로 성실·정절을 뜻하며 노란제비꽃은 농촌의 행복으로 표시하고 있다. 한국, 중국, 일본, 시베리아 동부 등지에 분포한다.

개망초

왜풀·넓은잎잔꽃풀·개망풀이라고도 한다. 높이는 30~100cm이다. 풀 전체에 털이 나며 가지를 많이 친다. 뿌리에 달린 잎은 꽃이 필 때 시들고 긴 잎자루가 있으며 달걀 모양이고 가장자리에 뾰족한 톱니가 있다. 북아메리카 원산의 귀화식물이다. 어린잎은 식용하며 퇴비로도 쓴다.

용기와 희생으로 이룬 기적

● **웨인스콧 족제비**　토어 세이들러 글 | 프레드 마르셀리노 그림 | 권자심 옮김 | 논장

관련교과　국어
5. 1. 1. 문학의 즐거움
5. 1. 6. 깊이 있는 생각
6. 2. 4. 마음의 울림

학습목표
1. 나와 다름을 어떻게 이해하고 받아들여야 하는지 알 수 있다.
2. 진정한 용기와 희생의 의미를 알 수 있다.

● **독서지도 포인트**

이 책은 숲 속 세계에서 떨어져 혼자 사는 족제비 배글리 브라운의 모험 이야기예요. 배글리의 유일한 낙은 호수에 사는 물고기 브리짓에게 벌레를 가져다주는 것인데 브리짓은 서로 너무 다르다며 이별을 말한답니다. 이룰 수 없는 사랑에 괴로워하던 배글리는 호수에 위기가 닥치자 용기를 내어 브리짓과 호수 식구들을 위해 목숨을 건 모험을 펼칩니다. 늘 혼자였던 배글리는 모험을 통해 진정한 용기와 희생의 의미를 알아가게 되면서 성장합니다.

족제비와, 쥐, 물고기, 다람쥐 등 숲 속과 호수에 사는 동물들의 삶을 통해 우리 일상의 소중함을 돌아보고, 다른 종족들끼리 힘을 합쳐 어려움을 이겨 내는 모습에서 서로 다르다는 것은 아무런 문제도 되지 않는다는 것을 이해하도록 지도해야 합니다.

● **함께 읽으면 좋은 책**

버블과 스퀵 대소동　필리파 피어스 글 | 햇살과 나무꾼 옮김 | 논장

시드와 페기, 에이미는 두 마리의 저빌, 버블과 스퀵을 무척 사랑하지만 엄마는 저빌을 싫어해요. 엄마와 저빌 모두와 함께 살고 싶은 두 아이의 따뜻하고 기발한 이야기가 펼쳐집니다.

제임스와 슈퍼 복숭아　로알드 달 글 | 쿠엔틴 블레이크 그림 | 지혜연 옮김 | 시공주니어

고아가 되어 버린 제임스가 마법의 힘으로 엄청나게 커진 곤충 친구들과 커다란 복숭아를 타고 여행하는 모험 이야기예요.

> 셋째 날
>
> 생각하며
> 걷기

1 이야기 속에 등장하는 동물들의 특징을 정리해 보세요.

지크

웬디

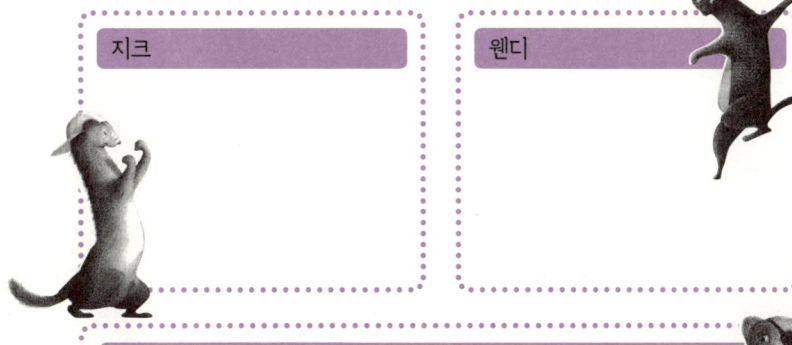

배글리

브리짓

패디

2 배글리의 아버지는 어떤 족제비였나요?

③ 배글리는 웨인스콧에서 왜 외톨이로 지내게 되었나요?

④ 배글리와 브리짓은 호수에서 서로를 처음 본 날 각각 어떤 마음이 들었나요?

• 배글리

• 브리짓

⑤ 배글리가 한쪽 눈을 잃고 안대를 해야만 하는 사연을 말해 보세요.

⑥ 개구리 패디가 배글리에게 알려 준 호수의 위험은 무엇인가요?

7 물수리로부터 호수의 물고기를 구하기 위한 배글리의 계획은 어떤 것인가요?

~~~~~~
~~~~~~
~~~~~~

8 다른 동물들이 배글리를 돕기 위해 한 일들을 정리해 보세요.

- 패디
~~~~~~

- 지크와 족제비들
~~~~~~

- 거북이
~~~~~~

뛰어 넘기

1 브리짓은 배글리가 물고기가 아니어서 사랑할 수 없다고 말합니다. 브리짓의 이 말에 대한 자신의 생각을 말해 보세요. (아래 입장 중 하나만 선택하세요.)

동의합니다	동의하지 않습니다
왜냐하면	왜냐하면

2 배글리는 브리짓을 만날 수도 없고 브리짓이 먹지 못할 수도 있는데 왜 매일 호수로 벌레를 떠내려 보냈을까요?

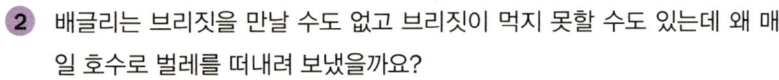

3 나도 누군가를 위해 배글리처럼 행동한 적이 있다면 언제 누구를 위해 그랬는지, 그때의 기분이 어떠했는지 말해 보세요.

④ 배글리는 웬디가 준 다과회 초대장을 지크에게 줘 버립니다. 이를 알게 된 웬디의 기분은 어땠을까요? 배글리의 행동을 비판해 보세요.

⑤ 내가 배글리였다면 그 초대장을 어떻게 했을지 상상해서 써 보세요.

⑥ 헤어지면서 브리짓은 배글리에게 '중요한 것은 겉이 아니라 속이야.'라고 말합니다. 이 말의 의미를 생각해 보세요.

넷째 날

높이 날기

다음 독후활동을 해 보세요.

웨인스콧 족제비를 읽고 가장 인상 깊었던 장면을 중심으로 독서감상문을 써 보세요.

이렇게 했어요!

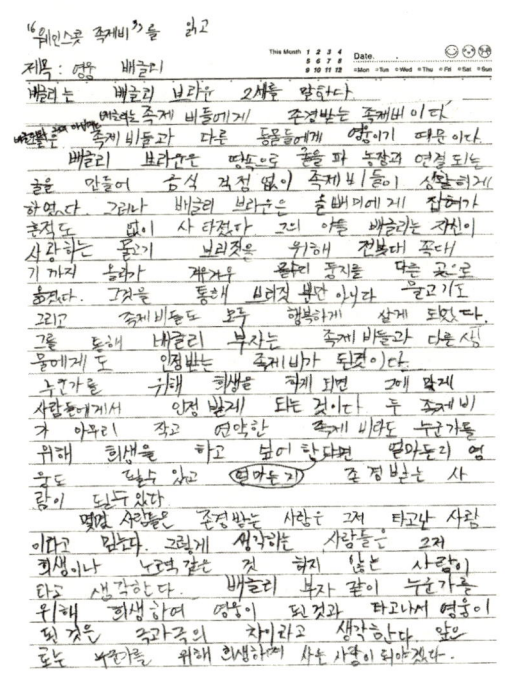

강지호

족제비를 실제로 본 적이 없다. 그래서 족제비 이야기가 궁금했다.
네이버 백과사전을 검색해보니 족제비는 산에서 사는 야생동물이고 쥐 같은 것을 잡아먹고 산다고 한다. 우리나라에선 쥐가 많이 없어서 족제비도 별로 없단다. 실제로 쥐도 많고 족제비도 많으면 좀 무서울 것 같다. 하지만 웨인스콧의 족제비는 안 무섭고 오히려 귀엽게 생겼다.
웨인스콧의 숲에는 여러 마리의 족제비가 살지만 그 중에서도 배글리는 이 동네의 영웅이다. 처음에는 아버지의 후광으로 영웅이 되었다. 배글리는 그게 부담스러워서 은둔생활을 했다. 애꾸눈에다가 은둔생활을 하니까 신비주의가 되어서는 그는 더 전설 속의 영웅처럼 되었다. 나 같으면 전설 속의 영웅이 되었다면 막 빼기고 다니고 어깨에 힘을 주고 잘난 척을 했을텐데 배글리는 좀 이상하다고 생각했다. 그런데 가만 생각해보니 '아홉살 인생'이라는 책에서 여민이도 우연히 미술대회에서 대상을 타고 그게 진정한 자기 실력이 아니라서 부끄러워했던 게 생각났다. 배글리도 자기 스스로는 영웅이 아닌데 남들이 그렇게 보는 게 부담스러웠나보다.
하지만 배글리는 은빛 물고기를 사랑하게 되고 그 사랑의 힘으로 엄청난 일을 해낸다. 항상 영화를 보거나 책을 읽으면 영웅은 사랑하는 사람을 지키려고 엄청난 힘을 발휘한다. 나도 그럴까? 만약에 지구가 폭발하거나 가족이 위험에 빠지면 나도 슈퍼맨이나 배트맨처럼 될 수 있을까? 그건 잘 모르겠다. 하지만 사랑하는 사람을 지키는 멋진 남자가 되고 싶기는 하다. 그렇게 될 수 있으면 좋겠다.
족제비 이야기지만 사람의 이야기 같다. 선생님은 이런 이야기를 '우화'라고 하셨다. 이솝 우화처럼 동물들의 이야기로 사람들에게 교훈을 준다고 하셨다. 배글리는 나에게 사랑하는 사람을 지켜야한다는 교훈을 주었다. 지구를 구하지는 못해도 사랑하는 사람을 다치지 않게 하는 것이 작은 영웅이다.

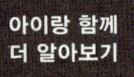 **아이랑 함께 더 알아보기**

족제비는 어떤 동물일까요?

족제비 Siberian Weasel

- 학명 Mustela sibirica
- 활동 시간 밤
- 번식방법 태생
- 먹이 작은 설치류, 조류, 알, 개구리, 물고기
- 서식 장소 개울을 끼고 있는 숲, 굴, 빈 나무, 바위틈, 인가 주변
- 생물학적 분류 척삭동물문 〉 포유강 〉 식육목 〉 족제비과
- 분포지 한국, 일본, 중국 동북부, 러시아, 몽골, 부탄, 미얀마, 네팔, 타이, 타이완, 라오스, 베트남 등
- 멸종위기등급 ICUN Red List 관심 필요 종
- 생김새 털색은 밝은 황토색, 담황색. 옆구리와 아랫부분은 밝은 노란색, 흰색
- 크기 25~39cm. 몸무게 360~820g
- 뾰족한 주둥이, 작은 귀, 입 옆쪽으로는 흰색 무늬가 나 있음.
- 생태 정보 짝짓기 시기 봄/겨울. 임신기간(포란기간) 28~30일. 산란(출산) 시기 4월~6월. 새끼수(산란수) 2~12마리
- 특징 움직임이 재빠르고 후각과 청각이 발달하였다. 개울을 끼고 있는 숲에서 주로 서식하며 때로는 설치류의 굴을 넓혀 이용하거나 빈 나무나 바위틈 안에 들어가 살기도 한다. 인가 주변에서도 서식한다.

  암컷은 4쌍의 유두를 지닌다. 여름털은 짧고 거칠며 다소 어두운 색을 띤다. 암수의 몸길이와 무게가 각각 다르다. 수컷은 몸길이 280~390mm, 꼬리 길이 155~210mm이며, 암컷은 몸길이 250~305mm, 꼬리 길이 133~164mm 정도이다. 몸무게는 수컷 650~820g, 암컷 360~430g 정도이다.
- 이동 방법은? 평소 땅 위 생활을 하지만 나무에 오르기도 잘하고 발가락 사이 물갈퀴를 이용해 수영에도 능하다. 행동이 재빨라서 인가 주변에 서식하며 주인 몰래 집에서 키우는 가축들을 물어 죽이기도 한다.
- 스컹크에 버금가는 냄새! 항문 양쪽에 자리한 한 쌍의 항문선에서 스컹크에 버금가는 고약한 냄새를 내기도 한다.

출처 네이버 지식사전

독서지도
레시피
―
04

편독하는 아이들은 어떻게 지도할까요?

- 공평함과 차별의 경계선에서 장건우한테 미안합니다
- 굿바이, 나의 밍기뉴 나의 라임오렌지 나무

재미와 흥미의 그릇에
영양가 있는 내용을 담아 보세요

편독을 하는 아이는 기본적으로 책을 좋아하는 아이입니다. 단, 자신이 좋아하는 책만 읽어서 문제이지요. 이때 아이가 읽는 책이 좋은 책이라면 오히려 그 분야에 지력이 뛰어난 아이가 될 수 있는 장점이 있어요. 과학이 좋아서 과학책을 많이 읽는다든지 역사에 흥미를 느끼고 역사 관련 책을 많이 읽는다면 다른 아이들에 비해 그 분야에는 지력이 뛰어난 아이가 되겠죠. 그러나 부질없다고 판단되는 책을 아이가 좋아한다면 다른 책을 읽을 수 있도록 지도해 주세요.

고학년이 되면서 아이들은 자기가 좋아하는 책과 그렇지 않은 책에 대한 선호가 뚜렷해지는 경향이 있습니다. 그렇다면 아이들은 왜 편독을 할까요? 일반적으로 어떤 분야의 책에 대해 흥미가 없는 경우 그 분야 책은 피하려고 하고 자신이 좋아하는 분야의 책만 읽으려는 경향이 많기 때문이에요. 그러면 왜 특정한 분야에 흥미가 안 생길까요? 그 분야의 책에 대해 좋은 독서 경험이 없어서일 수도 있고, 그 분야에 대해 잘 모르기 때문에 어려워서 흥미가 안 생기기도 해요. 어떤 경우는 부모가 편독할 경우 그것이 그대로 자녀에게 영향을 끼치기도 합니다.

그러나 비타민이 몸에 필요한 중요한 영양소라고 해서 비타민만 먹거나 단백질이 중요하다고 단백질만을 섭취한다면 분명 건강을 해칠 겁니다. 이처럼 편식이 건강을 해치는 것처럼 편독은 종합적인 사고력을 기르는 데 문제가 됩니다. 그렇기 때문에 아이가 싫어하더라도 필요한 책이라면 읽을 수 있도록 적절한 안내와 지도가 필요해요.

일단 좋은 독서 경험이 없어서 편독을 한다면 아이가 재미있게 읽을 수 있는 책을 선택하는 안목이 필요합니다. 아이가 재미를 느끼게 하려면 아이의 흥미를 고려하여 장르를 바꾸어 주거나 아이의 발달 단계를 고려해서 책 선택을 해줄 필요가 있어요. 예를 들어 공룡에 관심이 많은데 이야기 글을 싫어하는 아이라면 공룡이 나오는 이야기 글을 권해 줄 수 있겠지요. 이때 선택한 책이 아이의 수준보다 높거나 낮으면 흥미가 떨어지므로 아이의 읽기 능력에 맞는 적절한 수준의 책을 선택해야 합니다. 여기에 재미있는 수업 경험을 하게 하면 더욱 좋겠지요.

그 분야에 대해 잘 모르고, 어려워서 흥미가 안 생긴다면 일단 쉬운 책을 권해 줘야 합니다. 그림이나 사진이 많이 들어가서 글밥이 적은 책이나 잘 만든 만화책도 상관이 없어요. 만약 역사서를 읽기 싫어하는 아이라면 잘 만든 학습 만화도 좋고, 역사 드라마나 역사 관련 영화로 흥미가 생기게 할 수도 있어요. 박물관 등의 견학을 통해 흥미를 유발시킬 수도 있겠지요. 《옛날 사람들은 어떻게 살았을까》처럼 풍속화를 통해 옛날 사람들의 생활사를 엿보게 할 수도 있어요.

무엇보다도 편독의 문제는 단시일 내에 고쳐지지 않으므로 부모는 꾸준한 관심과 노력을 기울여 아이 스스로 다양한 책을 읽으려는 자세를 갖도록 하는 게 중요합니다.

공평함과 차별의 경계선에서

● 장건우한테 미안합니다 이경화 글 | 바람의아이들

관련교과 국어
5. 1. 3. 생각과 판단
5. 2. 3. 의견과 주장
6. 1. 3. 다양한 주장
6. 2. 3. 문제와 해결

학습목표
1. 한 사건을 건우와 소영이의 다른 관점에서 이해할 수 있다.
2. 공평함과 차별의 의미에 대해 생각해 볼 수 있다.

● **독서지도 포인트**

교사의 차별 대우와 편애로 상처받는 아이들의 모습을 담은 동화예요. 모범생이고 남부러울 것 없는 건우는 선생님의 차별대우로 인해 시간이 지날수록 자신감을 잃어가지만, 보잘 것 없는 존재였던 소영이는 선생님의 관심으로 점점 자신감을 갖게 됩니다. 두 사람은 어떻게 되었을까요? 이 책은 한 사람의 시점이 아닌 건우와 소영이의 시점에서 각각 서술되었습니다. 한 가지 사건에 대해 어떻게 다르게 생각할 수 있는지를 지도하여 다양한 관점을 가질 수 있도록 합니다.

● **함께 읽으면 좋은 책**

헨쇼 선생님께 비벌리 클리어리 글 | 선우미정 옮김 | 보림

뉴베리 상을 수상한 작품으로 편지와 일기 쓰기를 통해 성장하는 소년의 이야기예요. 동화 작가 헨쇼 선생님을 좋아하는 리 보츠는 초등학교 2학년 때부터 6학년 때까지 편지를 씁니다. 부모의 이혼으로 내면의 상처를 입은 한 아이의 성장기가 가슴 시리게 다가오는 책입니다.

차이는 있어도 차별은 없어요 카리나 루아르 글 | 이현정 옮김 | 웅진주니어

교과서 밖 남녀평등 이야기예요. 이분법적 교육에 익숙해져 있는 아이들에게 남녀로 구분 짓는 기준을 버리고 새롭게 세상을 바라보도록 권하는 책입니다. 남녀평등을 실천하기 위해 변화한 나라와 문화에 대한 정보도 제공합니다.

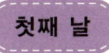

생각하며 걷기

첫째 날

1. 건우가 운 이유는 무엇인가요? '원인-과정-결과'로 간략하게 정리해 보세요.

사건의 원인	
사건의 과정	
사건의 결과	

2. 건우가 운 사건에 대해 주변 사람들의 반응은 모두 달랐어요. 내 마음에 들게 행동한 사람은 누구인가요? 그 까닭은 무엇인가요?

❸ 똑같은 상황에도 건우와 소영이의 생각은 달라요. 두 사람의 생각을 비교해 보세요.

상황 \ 인물	건우	소영
쪽팔려 게임	아무것도 모른 채 뺨 맞은 게 억울하다. 자꾸 눈물이 난다.	
김진숙 선생님이 쪽팔려 게임 사건을 처리하는 방법		
김진숙 선생님이 반 아이들을 대하는 태도		성적 순이나 부자 순으로 아이들을 대하지 않는 공평한 선생님이야.

❹ 김진숙 선생님은 반 아이들에게 공개적으로 사과를 합니다. 선생님이 아이들에게 사과를 한 까닭은 무엇인가요?

뛰어 넘기

1 '역차별'의 의미는 '부당하게 차별을 당하는 쪽의 차별을 막기 위한 제도나 방침, 행동 따위가 너무 강해서 도리어 반대편이 차별을 당하게 되는 경우'를 말합니다. 건우의 경우를 생각해 보고 주변에서 역차별 사례를 찾아보세요.

- 건우의 경우

- 주변에서 역차별 사례 찾기

2 다음 상황 중에 '공평하다'고 생각되는 상황은 어떤 경우이고, 그 까닭은 무엇인가요?

> - 선생님은 반장인 승민이는 무조건 예뻐하고 미진이같이 말썽을 피우는 애는 조금만 잘못해도 야단을 치신다.
> - 선생님은 반 아이들을 성적 순이나 부자 순으로 생각하지 않고 환경이 어려운 아이들을 우선으로 배려하신다.
> - 선생님은 공부 잘하는 애가 공부 못하는 애보다 예쁜 게 당연하고 말썽 안 피우고 말을 잘 듣는 애가 그렇지 않은 애보다 더 예쁘다고 하신다.

3. 차별당한 경험이 있나요? 그때의 경험을 떠올려 보고 차별당한 원인이 무엇이었을지 생각해 보세요.

4. '미안합니다.(미안해)'라는 말을 해 보거나 들어본 경험이 있나요? 최근에 이 말에 대한 경험을 말해 보세요.

5. 다음은 김춘수 시인의 시 '꽃'의 일부입니다. 시의 의미를 생각해 보세요.

…
내가 그의 이름을 불러 주기 전에는
그는 다만
하나의 몸짓에 지나지 않았다.

내가 그의 이름을 불러 주었을 때
그는 나에게로 와서
꽃이 되었다.
…

이 시는 _____

_____ 뜻을 담고 있다.

6 김진숙 선생님이 소영이의 이름을 불러 주자 소영이는 밝고 자신감 있는 아이로 변해 갔습니다. '이름을 불러 준다.'는 의미는 무엇일까요?

_____

_____

_____

_____

7 작가는 마음의 규칙을 때로는 접어 두자고 말합니다. 내가 가진 마음의 규칙 때문에 편견을 가질 수 있기 때문이지요. 내 마음의 규칙은 무엇인지 한 가지만 써 보고 그 규칙 때문에 생길 수 있는 문제점은 무엇인지 생각해 보세요.

• 내 마음의 규칙
_____

• 내 마음의 규칙이 가진 문제점
_____

_____

_____

_____

_____

둘째 날

높이 날기

다음 활동 중에 한 가지를 선택하여 독후활동을 해 보세요.

1. 평소에 미안하게 생각했던 사람이 있다면 미안한 마음을 담아 편지를 써 보세요. 편지를 쓸 때는 《장건우한테 미안합니다》 책을 소개하는 내용도 포함하도록 합니다.

★ **편지를 쓸 때는?**
- 사과하고 싶은 사람을 정한다.
- 편지쓰기의 형식에 맞게 편지를 쓴다.
- 하고 싶은 말에는 《장건우한테 미안합니다》를 읽고 느낀 점과 생각한 점을 담는다.
- 내가 상대에게 미안한 이유가 드러나도록 진솔한 마음으로 쓴다.

이렇게 했어요!

To 지원!

안녕 나 늘메야. 어제는 집에 잘 갔니?
어제 그냥 가버리게 해서 미안해. 나도 엄마가 빨리 집에
오라고 해서 어쩔수 없었지만 네 생일인데 같이 놀지 못해서
미안하고 속상했어.
내가 오늘 책을 한 권 읽었어.
<장건우 한테 미안합니다> 라는 책였는데 이상하게 네 생각이
나더라. 이 책에는 장건우라는 아이가 나와. 소영이라는
아이도 나오고, 건우도 나오랑데 없는 아이지만 소영이는 그렇
지 않았지. 근데 선생님은 소영이를 배려하는 데 너무 신경쓰는
나머지 건우에게는 오히려 차별을 하게돼.
내용이 길지 않았지만 내게 많은 것을 생각하게 만들었어.
선생님은 약자를 배려하고 보호하느라고 한 행동이었는데
상처받는 아이가 생기는 걸 보고 나도 모르는 사이에 남에게
피해를 줄 수도 있다는 생각을 했지.
어제 내가 지키지 못한 약속은 다음 주에라도 꼭
지킬게. 토요일에 시간이 되면 보드게임 하러가자.
어제 네 생일이고 미리 약속했던 거라 같이 했으면
좋았을텐데..
어제 정말 미안했어.
그럼 다음주 학교에서 웃으면서 보자. ^-^

2012년 3월 30일 금요일 -늘메가-

② 차별과 편견이 없는 학교를 만들기 위해서는 어떤 실천을 해야 할까요? 차별과 편견이 없는 학교를 만들기 위한 실천 사항을 세 가지만 제시해 보세요.

아이랑 함께 더 알아보기
김춘수 시인의 〈꽃〉의 전문을 감상해 보세요

꽃

내가 그의 이름을 불러 주기 전에는
그는 다만
하나의 몸짓에 지나지 않았다.

내가 그의 이름을 불러 주었을 때
그는 나에게로 와서
꽃이 되었다.

내가 그의 이름을 불러 준 것처럼
나의 이 빛깔과 향기(香氣)에 알맞은
누가 나의 이름을 불러다오.
그에게로 가서 나도
그의 꽃이 되고 싶다.

우리들은 모두
무엇이 되고 싶다.
너는 나에게 나는 너에게
잊혀지지 않는 하나의 의미가 되고 싶다.

— 김춘수

출처 꽃의 소묘(素描), 백자사, 1959

굿바이, 나의 밍기뉴

● 나의 라임오렌지 나무 J. M. 바스콘셀로스 글 | 최수연 그림 | 박동원 옮김 | 동녘주니어

관련교과 국어
5. 1. 1. 문학의 즐거움
5. 2. 7. 이야기와 삶
6. 1. 1. 상상의 세계
6. 2. 7. 즐거운 문학

학습목표
1. 제제의 성장 과정을 통해 성장의 의미를 생각해 볼 수 있다.
2. 내 삶을 되돌아보고 자서전 쓰기를 할 수 있다.

● **독서지도 포인트**

《나의 라임오렌지 나무》는 주제 마우르 지 바스콘셀로스(1920~1984년)의 작품입니다. 브라질의 가난한 집에서 태어난 작가는 농장 인부, 종업원 등 힘한 일을 많이 했는데 그때의 경험으로 이 책을 썼어요. 슬픔을 알게 되면서 성장해 가는 어린 소년의 성장기를 다룬 이 책은 꼬마 제제의 어른되기를 여러 가지 사건을 통해 아름다운 문장으로 표현했습니다. 고통을 겪은 후 꽃을 피우고 열매를 맺는 나무처럼 한 소년의 성장기가 따뜻하게 그려집니다.

제제만큼 가난을 겪지 못했을 지금의 아이들, 혹은 제제와 같은 가난을 겪는 아이들 모두 힘들지만 세상을 따뜻하게 바라보는 눈을 기를 수 있도록 지도합니다.

● **함께 읽으면 좋은 책**

굿바이 마이 프렌드 오리하라 미토 글 | 홍성민 옮김 | 동쪽나라

친구의 죽음으로 차차 성장하는 아이들의 모습을 그린 성장 동화입니다. 이 책은 죽은 친구와의 우정을 확인하러 여행을 떠난 아이들이 자신들과의 약속을 지키려고 했던 다케루의 흔적을 발견하면서 세상에서 가장 소중한 것이 무엇인지 깨닫는 과정을 담담하게 그려 냈습니다.

어린 왕자 생텍쥐페리 글 | 박성창 옮김 | 비룡소

어른과 아이 모두에게 끊임없이 사랑받는《어린 왕자》는 이른바 고전의 반열에 오를 만한 작품입니다. 어린 왕자가 여행을 하며 무엇을 깨닫고 성장해 가는지 만나 보세요.

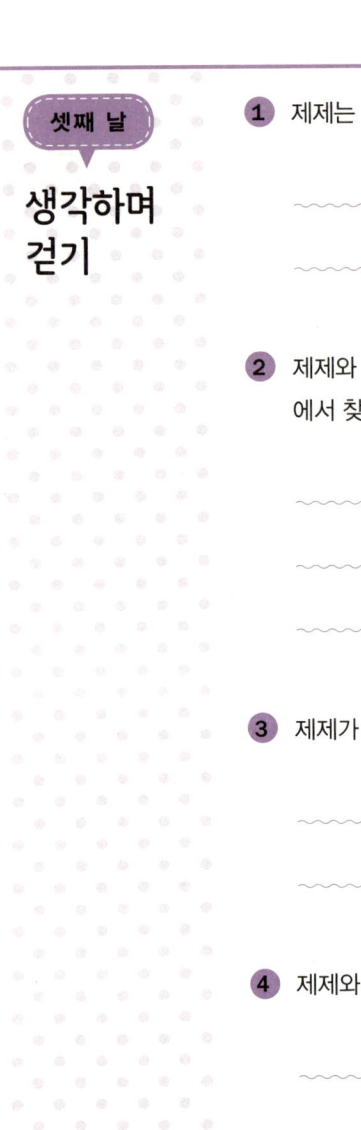

셋째 날

생각하며 걷기

1. 제제는 라임오렌지 나무 밍기뉴를 처음에 어떻게 만났나요?

2. 제제와 밍기뉴의 대화 중에서 기억에 남는 대화가 있다면 무엇인가요? 책에서 찾아보세요.

3. 제제가 구두닦이를 하러 시내에 나간 까닭은 무엇인가요?

4. 제제와 뽀르뚜가 아저씨는 처음에 어떻게 만나게 되었나요?

5. 제제가 뽀르뚜가 아저씨와 친해지게 된 계기는 무엇이었나요?

6 제제가 수업 중에 울면서 뛰어나간 까닭은 무엇인가요?

7 이 책에는 여러 가지 사건이 나옵니다. 책을 읽은 느낌은 어떤지 말해 보세요.

감동적인 장면	재미있던 장면
기뻤던 장면	슬펐던 장면

뛰어 넘기

1 '나의 라임오렌지 나무'가 의미하는 것은 무엇일까요?

2 나에게도 밍기뉴 같은 존재가 있나요? 있다면 누구인지, 왜 그렇게 생각하는지 말해 보세요.

3 사람들이 생각하는 제제의 성격과 원래 제제의 성격은 다릅니다. 제제의 원래 성격이 드러나는 문장을 찾아보세요.

④ 제제는 뽀르뚜가 아저씨가 죽은 후 꿈을 꾸게 됩니다. 꿈 내용을 말해 보고 꿈이 의미하는 것이 무엇인지 말해 보세요.

⑤ "나무는 몸 전체로 얘기해. 잎으로도 얘기하고 가지랑 뿌리로도 얘기해. 들어볼래? 그럼 귀를 내 몸에 대어 봐. 내 심장이 뛰는 소리가 들릴 거야."라는 말의 의미는 무엇일까요?

⑥ '아기 예수는 슬픔 속에서 태어났다'라고 작가는 말했습니다. 이 말의 의미를 제제의 슬픔과 연결하여 설명해 보세요.

7 제제는 라임오렌지 나무가 아직 잘리지도 않았는데 아버지에게 라임오렌지나무가 잘렸다고 말합니다. 밑줄 친 제제의 고백은 무엇을 상징할까요?

> ...
> "한 가지 소식이 더 있다. 네 라임오렌지 나무도 그렇게 빨리 잘리진 않을 거야. 그게 잘릴 때쯤에는 우리가 멀리 이사를 갈 테니까 넌 그게 잘렸는지도 모를 거야."
> 나는 흐느끼며 아빠의 무릎을 끌어안았다.
> "됐어요. 아빠. 그런 건 상관없어요."
> 그리고 나를 따라 눈물을 흘리는 아빠를 보며 중얼거렸다.
> "<u>벌써 잘라 갔어요. 아빠. 벌써 일주일도 전에 내 라임오렌지 나무를 잘라 갔어요.</u>"
> ...

8 나의 라임오렌지 나무를 읽고 마음에 드는 문장을 찾아 밑줄을 긋거나 써 보세요.

넷째 날

높이 날기

다음 독후활동을 해 보세요.

지금까지의 내 삶을 되돌아보며 자서전을 써 보세요.

★ **자서전 쓰기를 할 때는?**
- 나이 순서대로 주요 사건을 정리해 본다.
- 지금까지의 경험 중에 기억에 남는 경험을 쓴다.
- 글을 쓰기 전에 마인드 맵 등을 통해 글의 개요를 짠다.
- 시간의 순서에 따라 나를 가장 잘 드러낼 수 있는 경험을 위주로 글을 쓴다.
- 다 쓴 후에는 글을 다시 읽어 보고 문장과 내용을 다듬는다.

이렇게 했어요!

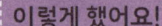

| 아이랑 함께 더 알아보기 | **브라질과 라임오렌지 나무** |

작품의 배경이 되는 브라질 히우지자네이루 방구 시

왼쪽 사진은 1931년 브라질 독립 100주년을 기념하기 위해 만든 코르코바도 언덕 위의 예수 그리스도상이다. 이곳은 히우지자네이루의 중심지로 일컬어지는 곳이다. 오른쪽 사진은 빵지아 쑤까르 바위산 전경이다. 이 책 속에 주요 소재로 등장한다.

축구와 정열적인 카니발로 유명한 브라질은 라틴아메리카에서 가장 인구가 많은 나라로 과거, 포르투갈의 식민지였다. 식민지 시기에 포르투갈 사람들이 인디언이나 농장과 광산의 노동자로 온 아프리카 흑인들과 혼혈을 이루었기 때문에 브라질에서 순수 혈통을 찾아보기는 힘들다. 세계에서 로마 가톨릭 신자가 가장 많은 브라질은 국민 대부분이 가톨릭 신자다.

히우지자네이루는 브라질의 남부지방에 있는 도시로, 자연경관이 아름다운 도시다. 여름(12~2월)에 날씨가 덥고 습기가 많아서 기온이 30도까지 올라가는 이곳은 한여름에 성탄절을 맞이한다. 방구 시는 히우지자네이루의 외곽도시로 가난한 서민들이 많이 사는 곳이다.

라임오렌지 나무

레몬과 비슷하게 생긴 열매는 작고 둥근 모양이고, 익으면 노랗게 변하며 신맛이 강하고 향기가 있다. 브라질에서 흔히 볼 수 있는 나무로, 열매가 레몬과 같은 용도로 이용되며 열매를 주스로 만들어 마시기도 한다.

독서지도 레시피

05

문학 작품은
어떻게 읽어야 할까요?

- 조금 부족하지만 함께라면 괜찮아 　나는 선생님이 좋아요
- 타고난 운명은 없다 　하늘길

문학 작품은 기본 내용을 바탕으로 상상하며, 비판적으로 읽어야 해요

문학 작품을 읽을 때는 무엇보다 작가가 나타내고자 하는 기본적인 내용을 충분히 읽어야 합니다. 작품의 주제와 등장인물에 대한 분석, 배경에 대한 이해, 사건의 전개 등 기본 내용을 잘 파악하며 읽은 다음에는 한 걸음 더 나아가 작가가 전하고자 하는 메시지를 비판하며 읽거나 독자가 자신만의 배경지식을 활용하여 상상하며 읽을 수 있어야 해요.

기본 내용을 바탕으로 상상하며 읽고 비판적으로 읽는 것을 문학 작품의 '능동적 읽기'라고 합니다. 즉, 문학 작품을 읽을 때는 독자의 능동적 읽기 태도가 필요합니다.

《흥부전》의 줄거리는 착한 동생 흥부가 욕심쟁이 형 놀부에게 괴롭힘을 당하며 가난하게 살다가 우연히 제비 다리를 고쳐 주고 얻은 박씨 덕분에 부자가 된다는 내용입니다. 이렇게 《흥부전》을 읽고 사건을 파악하고 '흥부는 착하고 놀부는 욕심쟁이'라고 등장인물을 분석하는 것은 기본 내용을 이해하는 것이에요. 또한 '흥부처럼 착하게 살면 복을 받고 놀부처럼 못되게 굴면 벌을 받는구나.'라고 주제를 파악하는 일도 기본 내용의 이해에 속합니다.

기본 내용을 이해했다면 그 다음은 《흥부전》에 대해서 능동적으로 감상할 필요가 있어요. 흥부에 대해서 다른 관점에서 살펴보면 흥부는 착하기는 하지만 대책 없이 자식을 많이 낳아서 자식에게까지 가난의 굴레를 씌워 주는 무능한 가장이기도 합니다. 또한 놀부가 말도 안 되는 구실로 집에서 쫓아내도 반항 한 번 못하고 쫓겨나는 무기력한 모습을 보이기도 하죠. 마냥 착하기만 할 게 아니라 어려움을 좀 더 적극적으로 이겨 내려는 흥부의 모습이 아쉽기도 해요. 착하기만 하고 무능한 인생을 사는 것은 자신과 가족들을 힘겹게 하니까요. 놀부도 형제로서 최소한의 배려도 하지 않고 흥부의 가난을 모른 척하는 무책임한 모습을 보입니다. 또한 흥부가 제비 다리를 고쳐 주고 부자가 되었다는 말을 듣고, 멀쩡한 제비 다리를 부러뜨리는 비도덕적인 행동을 저지르기도 하죠. 흥부와 놀부의 이러한 행동에 대해 누구나 생각하는 전형적인 생각에 그치지 말고, 다른 각도에서 좀 더 비판적으로 생각하고 '왜 놀부는 형인데도 흥부를 돌봐 주지 않을까?', '흥부는 가난한데도 왜 자식을 그렇게 많이 낳았을까?' 하는 의문을 가질 수 있어야 합니다.

또한 기본 내용을 바탕으로 책에 명시적으로 드러나 있지 않은 부분에 대해서는 나름대로 독자가 상상하며 읽는 즐거움도 가지길 바랍니다. 즉, 결말에 대한 부분이나 사건의 전개에 대한 부분, 등장인물의 심리 등에 대해서 '왜 그랬을까?' 혹은 '나라면 어떻게 했을까?' 하는 식으로 상상하면서 읽는 것입니다. 그래서 문학 작품을 읽을 때는 처음부터 순서대로 읽어야 해요. 뒷이야기가 궁금하다고 결말을 먼저 읽어 버리면 제대로 된 감상을 할 수 없어요.

이렇게 문학 작품은 기본 내용을 파악하고 비판적으로 읽고 상상하면 더욱 의미 있게 읽을 수 있습니다.

조금 부족하지만 함께라면 괜찮아

● **나는 선생님이 좋아요** 하이티니 겐지로 글 | 양철북

관련교과 국어
5. 1. 1. 문학의 즐거움
5. 2. 1. 상상의 표현
6. 1. 7. 문학의 향기
6. 2. 1. 문학과 삶

학습목표
1. 다른 사람을 배려하고 함께 나누는 삶이 무엇인지 알 수 있다.
2. 소외받는 친구들에 대해 따뜻한 마음을 가져야 하는 이유를 알 수 있다.

● **독서지도 포인트**

7년 동안 교직에 있었던 작가의 체험이 담긴 이야기라서 더욱 큰 감동을 느낄 수 있는 이 책은 1974년에 발표된 후 꾸준히 베스트셀러의 자리를 차지하고 있어요. 갓 부임한 고다니 선생님이 소외 계층의 아이들을 만나서 그들과 함께 진정한 교육이 무엇인지 깨닫게 되는 과정을 소설로 엮었습니다. 고다니 선생님을 통해 다른 사람과 마음을 나누고 친구가 되는 법과 다른 사람을 배려하고 함께 살아가는 방법을 배우게 됩니다. 아이들은 무한한 가능성을 지닌 존재이며 아이들에게서도 배울 게 있다는 사실을 알려 주는, 어른들을 위한 동화이기도 하지요. 이러한 배경과 사건들이 독자들에게는 낯설고 생소한 경험일 수도 있습니다. 소외 계층에 대해 지나친 동정과 연민보다는 배려와 이해의 태도를 가지고 책을 읽어야 해요.

● **함께 읽으면 좋은 책**

창가의 토토 구로야나기 테츠코 글 | 김난주 옮김 | 프로메테우스

일반 학교에서 낙오되고 적응하지 못한 아이들을 위한 대안 학교인 도모에 학원에서 토토와 아이들은 진정으로 자신이 좋아하는 일을 하며 타인과 어울리는 법을 배워 나갑니다.

괭이부리말 아이들 김중미 글 | 창비

인천시 만석동 달동네에서 아이들의 공부방을 운영하던 작가의 생생한 경험이 담긴 이야기입니다. 선생님과 함께 기쁨과 슬픔을 나누면서 아이들은 세상을 향해 마음을 열게 됩니다.

첫째 날

생각하며 걷기

1 데쓰조가 후미지와 고다니 선생님을 공격한 까닭은 무엇인가요?

2 데쓰조와 그의 친구들이 살고 있는 동네는 어떤 곳인지 설명해 보세요.

3 데쓰조가 고다니 선생님에게 숨기고 있었던 비밀은 무엇인가요? 그 비밀을 알게 된 선생님은 어떻게 하였나요?

4 고다니 선생님이 파리에 대해서 본격적으로 공부를 하면서 알게 된 새로운 사실은 무엇인가요?

5 절대로 말을 하지 않던 데쓰조가 처음 고다니 선생님 앞에서 말을 하고 마음을 열게 된 계기는 무엇인가요?

6 아다치 선생님이 글쓰기를 할 때 '나쁜 녀석'이라고 말한 것과 '좋은 녀석'이라고 말한 것을 구분하여 보세요.

> 한 것, 본 것, 느낀것, 생각한 것, 말한 것, 들은 것, 기타

- 나쁜 녀석

- 좋은 녀석

7 미나코 당번이 된 데쓰조가 미나코를 돌보는 방법은 다른 아이들과는 달랐습니다. 데쓰조는 어떻게 미나코를 돌보았나요?

❽ 파리의 산란에 관하여 고다니 선생님과 데쓰조가 알아낸 사실은 무엇인가요?

❾ 햄 공장에 파리가 들끓는 문제를 데쓰조는 어떻게 해결했나요?

❿ 처리장 이전 계획에 맞선 처리장 주민들과 아다치 선생님의 저항은 어떤 결과를 가져왔나요?

뛰어 넘기

1 아다치 선생님은 데쓰조가 '보물을 잔뜩 쌓아놓은 아이'라고 말합니다. 데쓰조의 보물은 무엇인가요? 그리고 나의 보물은 무엇일지 생각해 보세요.

2 바쿠 할아버지가 조선 사람들에 대해서 죄책감을 가지는 까닭은 무엇인가요? 조선 사람들에게 미안한 마음을 가진 일본인의 이야기를 들을 때 기분이 어땠나요?

3 고다니 선생님은 미나코 당번을 정해서 반 아이들이 돌아가면서 미나코를 돌보게 합니다. 만약 내가 미나코 당번이 되었다면 어떻게 행동했지 말해 보세요.

④ 미나코는 고다니 선생님 반 아이들과 헤어져서 특수학교로 가게 됩니다. 미나코가 떠나던 날, 반 아이들은 왜 울었을까요?

⑤ 아다치 선생님이 '우린 모두 남의 목숨을 먹고 살고 있다'고 한 말의 의미를 생각해 보세요.

⑥ 처리장 이전 문제를 해결하기 위해 아이들은 학교에 가지 않고 동맹휴학을 합니다. 자신의 주장을 내세우기 위해 파업을 하는 일이 옳은지 혹은 그렇지 않은지 자신의 생각을 한 줄로 써 보세요.

• 나는 자신의 주장을 내세우기 위해 파업을 하는 일이 옳다고 생각한다. 왜냐하면

• 나는 자신의 주장을 내세우기 위해 파업을 하는 일이 옳지 않다고 생각한다. 왜냐하면

둘째 날

높이 날기

다음 독후활동을 해 보세요.

어떤 선생님이 좋은 선생님일까요? 자신이 생각하는 이상적인 선생님의 조건을 다섯 가지 써 보세요.

좋은 선생님의 조건

1.
2.
3.
4.
5.

이렇게 했어요!

좋은 선생님의 조건
1. 우리랑 잘 놀아 주는 선생님.
2. 우리 마음을 잘 알아주는 선생님.
3. 숙제 적게 내주는 선생님.
4. 안 때리는 선생님.
5. 공부 잘 가르쳐 주는 선생님.

좋은 선생님의 조건
1. 때리지 않기!
2. 체육 많이 하기!
3. 숙제 안 내기!
4. 화 않내기!
5. 잘 이해해주기!

> **아이랑 함께 더 알아보기**

《나는 선생님이 좋아요》에 나오는 파리의 종류

- **금파리** 파리목/검정파리과

    분포 한국·일본·타이완·중국 등지

    학명 Lucilia caesar

    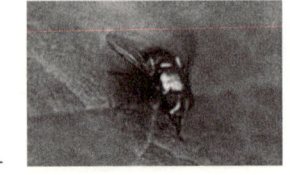

    광택성의 녹색을 띠며, 낯과 옆얼굴은 금빛가루로 덮였다. 겹눈은 서로 접하였고 이마 부분이 없다. 더듬이는 갈색이며 셋째 마디가 가장 길다. 아래턱수염은 등황색이며 막대 모양으로 길쭉하다. 산과 들에 서식하며 부육(腐肉)과 야분(野糞)에 모여들고 그곳에 산란한다.

- **똥파리** 파리목/똥파리과

    분포 한국 전역 및 외국의 여러 지역

    학명 Scatophaga stercoraria   길이 약 19mm

    몸 전체가 누렇고 머리의 양쪽 겹눈은 적갈색이며 이마는 오렌지색을 띤다. 더듬이는 짧고 더듬이털은 채찍 모양이다. 배 전체에는 연약하고 긴 노랑털이 많다. 숲이 우거진 산에서 이른 봄과 초가을에 많이 발견되며 동물과 사람의 분(糞)에 모여든다.

- **왕큰집파리** 파리목/집파리과 학명

    분포 한국을 비롯한 세계 각 지역

    학명 Muscina stabulans   길이 약 6~9mm

    가슴의 작은 방패판의 끝부위가 적갈색이다. 각 다리의 발목마디는 흑갈색이며, 각 넓적다리마디의 등쪽과 종아리마디는 황갈색이다. 집파리와 같이 위생 해충이다. 시궁창, 퇴비장, 양돈 및 양계장, 사료 비축장 등에서 크게 번식하며 인가에 들어온다.

- **집파리** 파리목/ 집파리과

    분포 한국·일본·타이완·중국·아시아 남부·인도네시아 등지

학명 Musca domestica　　　　길이 약 7~8mm

이마는 짙은 갈색이고 수컷의 이마나비는 한쪽 겹눈 나비의 3분의 1이며 겹눈은 적갈색이다. 옆얼굴·옆이마·눈언저리는 황금빛 비늘가루로 덮였다. 축사와 인가에 출입하며 그 수가 많은 종으로 세계적으로 분포되어 있다. 번식력이 강하고 1년 동안 쉴 사이 없이 발생한다. 전염병 매개 곤충으로 위생 해충이다.

● **큰검정파리** 파리목/검정파리과

분포 한국·일본·중국·타이완·몽골·시베리아 남부 등지

학명 Calliphora lata　　　　길이 약 13mm

과거에 검정파리로 잘못 동정된 종으로 검정파리에 비해 몸이 크다. 이른 봄에 나타나 초여름 전에 자취를 감추고 늦가을에 나타나서 11월 하순까지 양지바른 곳에서 산다. 인분과 썩은 고기에 모이고, 인축(人畜)의 주위에서 여러 가지 위생상 해를 끼치는 파리이다. 특히 번식력이 강하고 산란율이 높다.

타고난 운명은 없다

● **하늘길** 이문열 글 | 김동성 그림 | 다림

관련교과 국어
5. 1. 1. 문학의 즐거움
6. 1. 7. 문학의 향기
6. 2. 7. 즐거운 문학

학습목표
1. 등장인물들의 특성을 이해한다.
2. 운명은 주어진 것이 아니라 만들어 가는 것이라는 주제를 이해한다.

● **독서지도 포인트**

이 책의 주인공은 너무나 가난한 집안에서 태어나 가족들이 고생만 하다가 죽는 것을 보고, 자신과 가족들은 왜 이렇게 살아야 되는지를 알아내기 위해서 옥황상제를 만나러 길을 떠납니다. 주인공은 옥황상제를 만나기 위해서 하늘길을 찾으러 다니면서 하늘에 오르지 못한 여러 사람들을 만납니다. 이 여행 끝에 주인공은 원하는 답을 얻지만 결국 또 다른 길을 찾아 떠난답니다. 옛이야기의 구조를 지닌 이 이야기는 아이들이 이해하기에는 다소 어려울 수도 있어요. 하지만 사춘기를 맞이하여 인생의 의미를 고민하게 되는 아이들에게 꼭 필요한 이야기이므로 주제를 깊이 생각하며 읽도록 지도해야 합니다.

● **함께 읽으면 좋은 책**

기억 속의 들꽃 윤흥길 글 | 다림

문학적인 상징을 이해하고 감상하며, 새로운 소설 형식을 경험할 수 있는 단편집이에요. 유기적으로 얽힌 플롯과 인물의 입체적인 캐릭터를 이해하는 수준 높은 문학적 체험을 제공해요.

비밀의 화원 프랜시스 호즈슨 버넷 글 | 시공주니어

영화로도 몇 번씩이나 만들어진 명작입니다. 고집 세고 자기만 알던 메리가 친구들과 함께 비밀의 화원을 가꾸면서 자연의 소중함을 알게 되고 순박하고 인정 많은 아이로 변하는 이야기입니다.

셋째 날
생각하며 걷기

1 주인공은 왜 옥황상제를 만나러 길을 떠났나요?

2 주인공이 땅 끝의 넓은 벌판에 있는 외딴 집에서 만난 여인은 어떤 사연을 가지고 있었나요?

3 외딴 집의 여인은 주인공에게 옥황상제에게 무엇을 물어봐 달라고 했나요?

4 구만 리 들판을 지나 만난 오두막 선비는 어떤 사람이었나요?

5 오두막의 선비는 주인공에게 무엇을 옥황상제에게 물어봐 달라고 했나요?

6 '알지 못할 벌'을 지나 산골짜기에서 주인공은 어떤 사람들을 만나게 되었나요?

7 산골짜기에서 만난 시인은 주인공에게 옥황상제에게 무엇을 물어봐 달라고 했나요?

8 '높이 모를 산'을 올라 주인공이 만난 도사는 어떤 사람이었나요?

9 도사는 주인공에게 옥황상제에게 무엇을 물어봐 달라고 했나요?

10 '즈믄 해' 내를 따라 '돌아 못 올' 바다에 이르러 만난 이무기는 옥황상제에게 무엇을 물어봐 달라고 했나요?

뛰어 넘기

1 옥황상제가 주인공에게 들려준 대답을 정리해 보세요.

인물	옥황상제의 대답
주인공 (젊은이)	
아가씨	요괴는 재물의 사기이다. 아가씨의 조상이 뒤뜰에다가 적잖은 재물을 묻어두었는데 세월이 지나도 캐내 써주지 않자 재물이 그런 모습으로 자신을 알리러 나온 것이다. 아가씨가 결혼할 사람은 홀로 되어 처음 만나게 된 남자이다.
선비	
산골짜기의 화가, 시인, 약사	몸과 마음을 다 내던져 부른다면 하늘 한 자락 쯤은 불러 내릴 수도 있지만 그들은 취해서 헛것을 보고, 그것으로 자신과 남을 아울러 속이고 있는 것이다.
도사	
이무기	

2 옥황상제는 요괴의 정체를 '재물의 두 얼굴'이라고 하였습니다. 이 말의 의미는 무엇일까요?

③ 이야기 속 등장인물들은 우리 주변의 어떤 사람들의 모습을 풍자(비판)하고 있는지 생각해 보세요.

등장인물	풍자(비판)하고자 하는 인물
선비	
산골짜기의 사람들	
도사	황금에 눈이 먼 사람을 비판한다. 재물에 집착한 나머지 자신이 정말 해야 할 중요한 일을 하지 못하는 사람이다.
이무기	
아가씨의 조상들	

④ 주인공은 결국 용기와 인내심으로 자신의 운명을 바꾸어 놓습니다. 자신의 운명을 바꾸기 위해서 어떤 것들이 필요할지 생각해 보세요.

넷째 날

높이 날기

다음 활동 중에 한 가지를 선택하여 독후활동을 해 보세요.

1. 이야기는 주인공이 다시 길을 떠났고 그 후로 그의 소식을 알 수 없다고 끝을 맺습니다. 주인공이 다시 하늘에 이르렀을지 아니면 길을 떠돌다가 죽었을지, 두 가지 중 하나를 선택하여 뒷이야기를 상상해 써 보세요.

❷ '내가 나의 운명을 바꿀 수 있다면'이라는 주제로 자유롭게 수필을 써 보세요.

★ **수필의 특성은?**
- 전문가가 아니라도 누구나 쓸 수 있는 글이다.
- 형식적인 제약이 없다.
- 주제에 관한 자신의 생각을 자유롭게 쓴다.
- 자신의 경험과 가치관을 반영하여 쓴다.

이렇게 했어요!

내 운명을 바꿀수있다면

나는 옥황상제에게 키큰 남자로 만들어 달라고 할것이다.
아직 초등학생이라서 더 클수도 있다고 하지만 현재난 키가 작다.
키가 작으니까 농구할 때도 축구할때도 불리하다. 여자애들도 키큰
애인 좋아한다. 나보고는 귀엽다고한다.
요즘 개그콘서트의 네가지에서 어떤 개그맨이 키작은 남자이야기를한다.
나도 저 개그맨처럼 어른이 되었는데도 키가작으면 어떻할까 고민이된다.
바지도 줄여 입어야 되고 비도 더 많이 맞아야되고 무엇보다 여자한테 인기
없는 남자가 되는것이다. 생각만해도 끔찍하다.
우유랑 콩나물을 많이 먹는데도 키가 안 큰다. 잠이들때마다 하늘에는
내 키가 더 커왔기를 바란다. 엄마말로는 중학생인 형은 자고나면 키가
쑥쑥 크고 있다는데, 나도 중학생이되면 키가클까?
엄마 아빠의 키를 보면 그럴것 같지는 않다. 그래서 내운명을 바꿀수 있다면
나는 키큰남자로 태어나서 나도 애들을 내려다보고싶다.

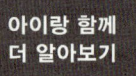

이무기에 대해 알아볼까요

(명사) 전설상의 동물로 뿔이 없는 용.

어떤 저주에 의하여 용이 되지 못하고 물속에 산다는, 여러 해 묵은 큰 구렁이를 이른다.

이무기는 한국의 전설에 등장하는 상상의 동물이다. 용이 되기 전 상태의 동물로, 여러 해 묵은 구렁이를 말하기도 한다. 차가운 물속에서 500년 동안 지내면 용으로 변한 뒤 굉음과 함께 폭풍우를 불러 하늘로 날아올라간다고 여겨졌다.

이무기는 호수, 연못, 강 등 담수에 사는 모든 생물의 왕이며, 특히 헤엄치는 동물은 모두 이무기의 지배하에 있다. 물고기 무리가 2500마리를 넘으면 어디선가 이무기가 나타나 그들의 왕이 된다고 한다. 다만 이무기는 물고기를 주식으로 하기 때문에 물고기들 측에서 보면 엄청난 폭군이고, 양식장 같은 곳에 이무기가 살면 큰 손해가 났다고 한다. 그러나 물고기 무리와 함께 자라가 있으면 무슨 영문에선지 이무기가 오지 않는다고 믿기도 했다.

물속에 사는 이무기는 용과 마찬가지로 비나 물과 깊은 관계가 있다. 그러나 용이 비와 폭풍, 번개, 우박, 구름을 불러오는 강력한 힘을 가진 물의 신이었음에 비해, 이무기는 비구름을 불러올 수 있는 정도의 약한 힘밖에 없는 것으로 여겨졌다. 또한 용처럼 물을 지배·관리한다고는 보지 않았고, 이무기가 근처에 살고 있으면 샘물이 마르지 않는다는 정도로 생각되었다.

한편 이무기들끼리 호수 등의 권리를 두고 서로 싸우는 일도 많았다. 물론 강한 이무기일수록 크고 살기 좋은 호수를 장악하고, 약한 이무기는 작고 물고기도 적은 연못이나 강에서 살 수밖에 없었다. 그래서 약한 이무기는 때때로 누군가의 도움을 빌려 싸우는 일도 있었다.

출처 위키백과

독서지도 레시피

06

배경지식을 쌓기 위해서 어떤 책을 읽어야 할까요?

- 우리들의 소중한 물 환경보고서 물
- 신나는 과학의 세계 대한민국 초등학생 첫 과학 교과서

역사, 사회, 과학 등
간접 경험에 도움을 주는 책을 읽어요

고학년은 지적 욕구도 왕성해지고 자신의 주장도 강하게 표시하는 때입니다. 그래서 저학년, 중학년 때보다 다양한 책을 읽고 싶어 하고 때로는 자신이 싫어하거나 관심이 없는 분야의 책은 강하게 거부하기도 합니다. 아이들이 원하는 책만 읽다 보면 심각한 편독 현상이 생길 수 있습니다. 그러므로 아이들이 원하는 책을 중심으로 독서 흥미를 높여 주는 것은 좋으나 편독에 빠지지 않도록 다양한 분야의 책을 권해 주어야 해요.

이 시기의 아이들에게 도움이 되는 책은 무엇보다 아이들의 학습이나 생활, 관심사, 취미 등의 활동에 배경지식이 될 수 있는 책들입니다. 독서 활동을 통하여 독자들은 간접 경험을 하고, 그러한 경험들이 모여 배경지식을 이루게 됩니다. 책에서 얻은 배경지식은 다른 학습이나 활동을 할 때 또 다른 배경지식이 되어서 학습이나 활동의 이해를 높이는 긍정적인 결과를 낳게 됩니다. 배경지식은 일종의 네트워크와 같아서 배경지식이 많을수록 네트워크는 촘촘해지고 넓어져 지식의 습득과 이해에 도움을 주지요.

이 시기의 아이들에게 좋은 배경지식이 되어 줄 책은 역사와 사회, 과학 분야의 책과 성(性)에 관련된 이야기, 세계의 여러 나라와 다른 문화를 다룬 이색적인 이야기 등이에요.

역사와 사회, 과학 분야의 책은 교과서와 연계된 내용이 좋습니다. 역사 교과서에서 고구려에 관한 공부를 하지만 교과서의 내용은 딱딱하고 개념적인 내용이 많습니다. 따라서 고구려 고분 벽화의 생생한 화보가 실려 있거나 주작, 현무, 백호, 청룡 등 고분벽화의 수호신 이야기가 담긴 책을 읽는다면 국사 공부에도 흥미가 생길 것입니다. 고학년은 사회 시간에 정치나 경제와 관련된 학습도 하게 되므로 경제 용어를 쉽게 풀어 놓은 책이나 정치는 어려운 것이 아니라고 주장하는 책들을 읽게 하면 학교 공부에 도움이 됩니다.

비문학 도서만 배경지식이 되는 것은 아닙니다. 문학 도서 또한 생활 속에서 누구에게도 묻기 힘든 고민들에 대한 답을 제시해 주기도 해요. 이 시기 아이들의 큰 고민 중 하나는 성(性)에 관련된 것입니다. 부모님께 물어볼 수도 없고, 인터넷에 떠도는 이야기들은 믿을 수가 없고, 친구에게 말하자니 창피하기만 하고, 누구에게도 말할 수 없는 아이들의 고민을 다룬 창작 동화를 읽게 한다면 혼자만의 고민이 아니라는 사실에 안도하면서 고민에 대한 해답을 얻을 수도 있어요.

아이들은 생활 속에서 접하는 현실 문제에 대해서는 예민하게 반응하고 빠르게 받아들입니다. 무조건 많은 책을 읽는 게 좋은 것은 아닙니다. 잘못된 지식을 전해 주거나 흥미 위주로만 아이들의 문제를 다룬 책은 오히려 독이 됩니다. 아이들의 학습과 활동에 도움이 되고 훌륭한 배경지식이 되어 줄 책을 골라서 읽히는 지혜가 필요합니다.

우리들의 소중한 물

● 어린이를 위한 환경 보고서 물 김맹수 글 | 해와 나무

관련교과 과학
5. 1. 4. 작은 생물의 세계
6. 1. 4. 생태계와 환경
6. 2. 1. 날씨의 변화

학습목표
1. 물의 소중함을 알 수 있다.
2. 환경보호의 필요성을 알 수 있다.

● **독서지도 포인트**

이 책은 물과 환경에 관련된 내용으로 구성되었지만 물에 관련된 과학도서라기보다는 환경 보호를 주제로 한 책입니다. 우리가 쉽게 마시고, 사용하는 물이 어디서 나오는지, 또 우리가 버리는 물은 어디로 가는지 자세하게 설명해 주고 있어요. 저자는 물에 관한 해박한 지식뿐만 아니라 환경 생태에 대해서도 빈틈없이 분석하여 환경이 파괴되는 현장을 생생하게 설명하고 있습니다. 환경 문제들을 하나씩 짚어 가면서 먼 미래의 이야기가 아니라 오늘날 우리에게 닥친 가장 심각한 문제라는 사실을 깨달을 수 있도록 지도해야 합니다.

● **함께 읽으면 좋은 책**

어린이를 위한 환경보고서 땅 김맹수 글 | 해와 나무

이 책은 산과 나무가 병들고 동물과 식물이 우리 곁을 떠나는 이유에 대해서 생생하게 증언하고 있습니다. 땅이 얼마나 오염되고 있는지, 지구에서 어떤 동물들이 사라지고 있는지, 왜 곳곳에 쓰레기가 넘쳐 나는지, 그 원인을 구체적 사례를 통해 설명합니다.

옛날 옛적 기기묘묘 고대 과학 짐 위즈 글 | 김석 그림 | 유윤한 옮김 | 바다어린이

이집트, 로마, 마야와 아즈텍, 중국, 중동 등 고대 문명 속에 숨어 있는 과학 원리를 체험을 통해 알아볼 수 있도록 구성한 책입니다. 이집트의 시계, 그리스의 등대, 로마의 다리, 중국의 연, 메소포타미아의 비누 등 문명 속에 숨겨진 신비한 과학 이야기가 가득해요.

생각하며 걷기

1 물에 관하여 알아보세요.

1. 액체 상태인 물이 얼면 _____ 상태인 얼음이 되지요. 또한 액체 상태인 물이 증발하면 수증기처럼 _____ 상태가 됩니다.

2. 물은 우리 몸속의 _____ 과 _____ 를 실어다가 구석구석 세포마다 전달하고, 그 남은 찌꺼기를 치워 줍니다.

3. 모든 생명체는 물이 있어야 소화와 배설이 이루어지고 호흡과 순환, 체온 조절 같은 _____ 가 이루어질 수 있어요.

4. 녹색 식물이 햇빛 에너지를 받아 이산화탄소와 물을 이용하여 제 몸에 꼭 필요한 양분을 만드는 과정을 _____ 이라고 합니다.

5. 비나 눈이 되어 땅에 떨어진 물은 땅속으로 들어가거나 강을 따라 바다로 흘러 들어갑니다. 또 육지나 바다의 물은 다시 증발하며 구름이 됩니다. 이와 같이 물이 제 모습을 바꿔 가며 수없이 되풀이 하는 이동을 _____ 이라고 해요.

6. 물을 순환시키는 힘은 바로 _____ 에서 나옵니다.

7. 우리 몸속의 _____ %는 물로 이루어져 있어요.

2 사람은 물을 마시지 않고는 겨우 며칠밖에 살지 못해요. 물은 우리 몸속에서 어떤 중요한 일을 할까요?

~~~~~~
~~~~~~
~~~~~~

독서지도 레시피 06   117

❸ 좋은 물은 약이 되고 나쁜 물은 독이 된다고 해요. 우리가 강물이 오염되지 않도록 노력해야 하는 까닭은 무엇인가요?

❹ 지표수만으로는 사용할 물이 부족해서 사람들은 지하수를 마구 끌어다 사용하고 있어요. 지하수를 마구잡이로 개발하면 어떤 문제가 생기나요?

❺ 댐과 저수지의 주요한 기능은 강물을 조절하는 것이에요. 하지만 댐은 환경을 파괴하기도 한답니다. 댐이 환경에 어떤 영향을 끼치는지 알아보세요.

❻ 화학 비료와 농약이 물을 오염시키고 사람의 건강을 해치는 까닭은 무엇인가요?

뛰어 넘기

1 갯벌은 철새들의 천국이며 습지는 오염된 물을 정화하고 걸러 내는 중요한 일을 합니다. 하지만 간척 사업으로 갯벌과 습지가 사라지고 있어요. 갯벌과 습지를 보호해야 하는 까닭은 무엇인가요?

2 1960년대 영국 정부가 템스 강을 살리기 위해 어떤 정책들을 시행했는지 말해 보고 우리나라에도 이와 비슷한 경우가 있는지 알아보세요.

3 수돗물을 그대로 먹는 사람은 인구의 1%도 안 됩니다. 대신 끓여 먹거나 정수기를 사용하거나 혹은 먹는 샘물을 사 먹죠. 국민들이 안심하고 수돗물을 먹을 수 있게 하려면 어떻게 해야 할까요?

4 우리나라는 1993년에 물 부족 국가로 지정되었어요. 물을 함부로 쓰는 생활 습관으로 인해 우리 국민의 물 사용량이 높기 때문이죠. 물을 아껴 쓰는 생활 습관을 기르려면 어떻게 해야 할까요?

5 다음 글을 읽고 물음에 답해 보세요.

> 물은 스스로 깨끗해지는 자정 능력이 있습니다. 그러나 오염 물질이 너무 많이 흘러들면 오염되고 맙니다. 물 오염은 대부분 사람에 의해 일어나고 있습니다. 물을 오염시키는 원인에는 어떤 것들이 있을까요?
> 물을 오염시키는 것에는 크게 세 가지가 있습니다. 우리가 쓰고 버린 생활 하수, 농장과 축사에서 흘러나오는 농축산 폐수, 그리고 갖가지 공장에서 쏟아 내는 산업 폐수가 바로 그것입니다.
> 이 중에서 가장 수질을 많이 오염시키는 것은 무엇일까요? 흔히 산업 폐수라고 생각하고 있지요? 하지만 아닙니다. 바로 생활 하수가 수질 오염의 주된 원인입니다.

1 • 수질 오염의 주범은 합성 세제입니다. 합성 세제는 어떻게 물을 오염시키나요?

2 • 산업 폐수와 먹이 사슬과의 관계를 설명해 보세요.

3 • 축산 폐수는 배출되는 양이 적은데도 수질 오염의 주범으로 손꼽히는 까닭은 무엇인가요?

둘째 날

높이 날기

다음 글을 참고로 하여 우리가 바다를 오염시키지 않고 해양생물을 보호하려면 어떻게 해야 할지 서술하여 보세요.(400자)

(가) 바다로 흘러드는 기름 찌꺼기

바다로 기름이 흘러들어가는 것은 지난번 태안반도 사건 같은 해양사고와 자동차와 중장비, 공장에서 나오는 기름 찌꺼기가 그 원인입니다. 바다로 흘러든 기름은 가볍고 물에 녹지 않으므로 물 표면에 얇은 막을 만듭니다. 이 기름막은 햇빛의 통과를 막고 고기와의 접촉을 막아 물고기와 조개, 해초들을 자랄 수 없게 만듭니다.

(나) 적조

적조는 플랑크톤이 갑자기 많아지면서 물빛이 변하는 현상을 말합니다. 적조 현상이 일어나면 물속은 햇빛이 들지 않아서 수생식물들이 광합성을 잘 하지 못해 산소가 부족해집니다. 적조 현상은 산업 폐수와 농축산 폐수로 오염된 강물이나 도시의 생활하수가 바다로 흘러들어 일으키는 것입니다.

이렇게 했어요!

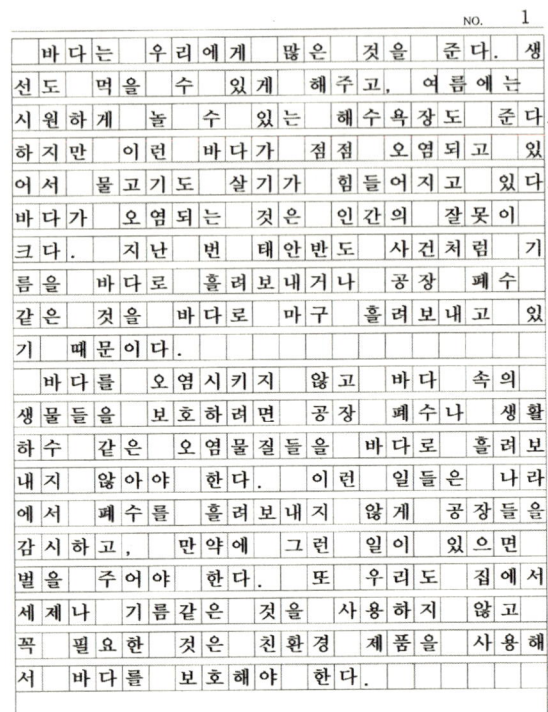

　바다는 우리에게 많은 것을 준다. 생선도 먹을 수 있게 해주고, 여름에는 시원하게 놀 수 있는 해수욕장도 준다. 하지만 이런 바다가 점점 오염되고 있어서 물고기도 살기가 힘들어지고 있다. 바다가 오염되는 것은 인간의 잘못이 크다. 지난번 태안반도 사건처럼 기름을 바다로 흘려보내거나 공장 폐수 같은 것을 바다로 마구 흘려보내고 있기 때문이다.
　바다를 오염시키지 않고 바다 속의 생물들을 보호하려면 공장 폐수나 생활하수 같은 오염물질들을 바다로 흘려보내지 않아야 한다. 이런 일들은 나라에서 폐수를 흘려보내지 않게 공장들을 감시하고, 만약에 그런 일이 있으면 벌을 주어야 한다. 또 우리도 집에서 세제나 기름같은 것을 사용하지 않고 꼭 필요한 것은 친환경 제품을 사용해서 바다를 보호해야 한다.

아이랑 함께 더 알아보기

물 자원 현황과 물 사랑 실천

물 자원 현황

우리가 쓸 수 있는 물은 단 0.0075%뿐

물은 우리에게 가장 친숙한 지구 자원 중 하나이다. 물은 액체의 형태로 육지의 강·저수지·호수와 넓은 바다를, 가스의 형태로 푸른 하늘의 빈 공간을, 고체의 형태로 극지방·산악지대 그리고 겨울철 우리 주변을 둘러싸고 있다.

또한 물은 우리의 몸·산과 들의 모든 식물에도 있고, 보이지 않는 땅 밑에도 있다. 그렇다면 우리 지구상에 존재하는 물량은 얼마나 될까? 우리가 바다에 나가 보면 주변에 물만큼 흔한 것이 없는 것 같지만 실제 지구의 표면은 70% 정도가 물로 덮여 있다. 지구에 있는 물의 양은 1,386백만km^3 정도로 추정되고 있으며, 이 중 바닷물이 1,351백만km^3(97.5%)이다. 그러나 바닷물은 염분이 많아 사용할 수가 없다. 또한 나머지 민물이 2.5%이지만 이 물을 모두 그대로 사용할 수 있는 것은 아니다. 이 중 1.76%는 남극이나 북극 지역의 빙하 또는 고산지대의 만년설 형태이고 0.76%는 지하수로 존재하고 있으며, 단지 0.0086%만이 하천이나 호수에 존재한다. 결국 우리가 쓸 수 있는 하천이나 호수에 있는 물은 지구에 있는 총 물량의 오직 0.0086%뿐이다. 지구촌 60억 인구가 지구 수자원의 0.0086%만큼만 존재하는 희소하고 귀중한 물을 먹고 쓰고 버리고 있는 것이다.

생활 속의 물 사랑

지구상에서 우리가 사용할 수 있는 물의 양은 매우 적다. 지구상에 있는 물의 대부분은 바닷물이다. 하지만 바닷물은 매우 짜서 사람들이 마시거나 사용할 수가 없다. 우리가 사용할 수 있는 물은 강이나 호수 또는 지하수로 땅속에 있는데 이 물은 지구상에 매우 적은 양뿐이다. 우리는 이 적은 양의 물을 세계 여러 사람들과 나누어 사용하고 있는 것이다. 그만큼 우리가 사용하는 물은 소중한 자원이다. 우리 주변을 둘러보면 우리도 모르게 버려지는 물이 무척 많다. 양치할 때 무심코 틀어 두었던 수돗물, 수도꼭지를 꼭 잠그지 않아 조금씩 버려지던 수돗물, 한 컵 가득 물을 따라서 조금만 마시고 무심코 버리던 물 등 우리가 미처 생각지도 못했던 생활 속 습관들로 많은 물이 낭비되고 있다. 이러한 생활 속 습관만 바꿔도 무척 많은 물을 아끼고 절약할 수 있다.

출처 환경부

신나는 과학의 세계

● 대한민국 초등학생 첫 과학 교과서   박상철 글 | 황기홍 그림 | 류광해 감수 | 바다어린이

관련교과 과학
5. 1. 1. 지구와 달
5. 1. 3. 식물의 구조와 기능
6. 1. 2. 산과 염기
6. 2. 1. 날씨의 변화

학습목표
1. 교과서에 나오는 과학 지식들에 대한 이해를 돕는다.
2. 과학 실험을 통해 알게 된 과학 지식들을 정리할 수 있다.

● **독서지도 포인트**

초등학교 전 학년 과학 과정을 주제별, 원리별로 정리하고 있어 과학 지식의 체계를 확실하게 잡아 주는 책입니다. 이 책은 학년이 거듭될수록 반복, 심화되는 개념들을 한눈에 꿰뚫을 수 있도록 도와주고 있어요. 또한 다양한 활동과 실험을 통해 스스로 해답을 찾고 여러 실험 결과를 바탕으로 교과서 내용을 잘 이해할 수 있도록 도와줍니다.

과학의 기초를 확실히 다지고, 요점은 정확하게 정리할 수 있도록 구성되어 있어서 초등학교 과학 교과서의 도우미라고 할 수 있어요. 과학 지식과 정보 전달을 목표로 하는 책이므로 교과서와 연계하여 잘 이해할 수 있도록 지도하여야 합니다.

● **함께 읽으면 좋은 책**

내일은 실험왕 시리즈 곰돌이co 글 | 홍종현 그림 | 아이세움

초등학생들의 신나는 실험 이야기를 통해 아이들에게 어려운 과학 원리와 용어를 재미있게 전달하는 실험 대결 만화입니다. 초등학교 고학년과 중학 교과서에 수록된 다양한 실험 속의 과학 이론과 용어들을 쉽게 설명하고 있어요.

한국 과학사 이야기 신동원 글 | 임익종 그림 | 책과함께어린이

카이스트에서 '한국 과학사'를 가르치고 있는 신동원 교수님이 쓴 우리 과학 이야기입니다. 어린이들도 재미있어 할 만한 내용으로 가득한 과학 이야기가 담겨 있어요.

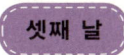 **셋째 날**

생각하며 걷기

아름다운 식물과 동물

① 식물은 꽃이나 열매로 번식하는 것과 아닌 것으로 나눌 수 있어요. 꽃을 피우는 식물을 [   ]이라고 하고 꽃이 피지 않는 식물을 [   ]이라고 합니다. 꽃이 피는 식물 중에서 밑씨가 씨방 속에 들어 있는 식물을 [   ] 식물이라고 해요. 밑씨가 씨방에 싸여 있지 않고 노출되어 있는 식물은 [   ] 식물이라고 해요.

② 꽃의 구조

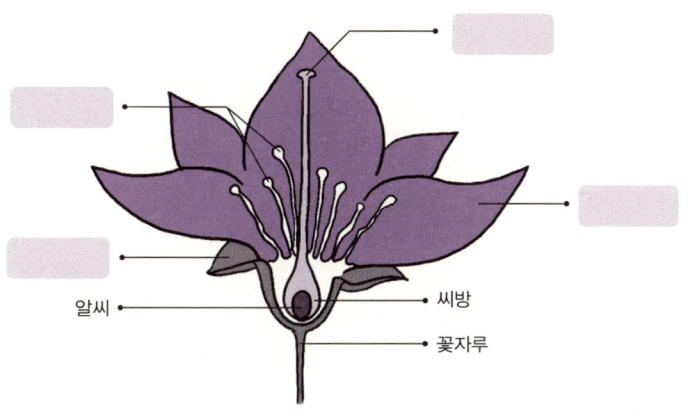

③ 식물이 씨앗을 싹 틔우기 위해서는 [   ]과 적당한 [   ], [   ]가 필요하답니다.

4 동물의 분류와 알맞은 설명을 찾아 줄을 이어 보세요.

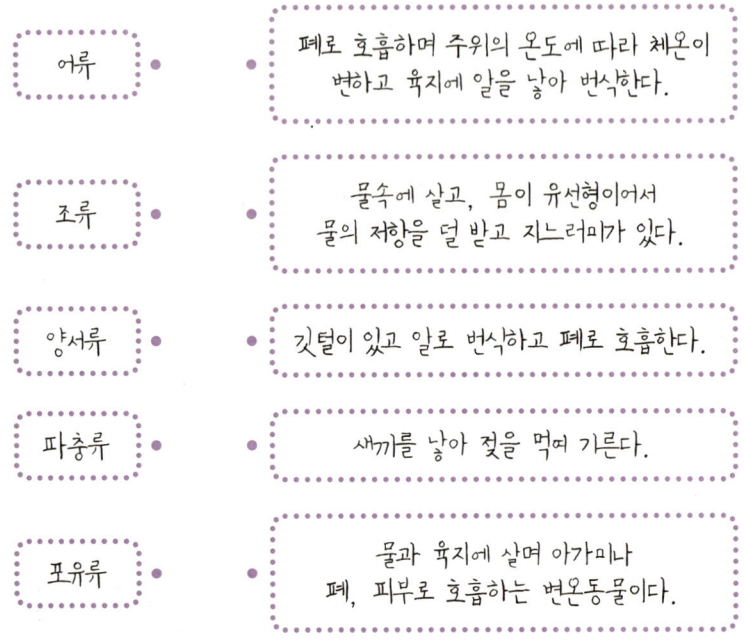

5 살아가는 데 필요한 양분을 스스로 만드는 생물은 ▢▢▢▢ 라고 하고, 필요한 양분을 스스로 만들지 못하고 식물이나 다른 생물을 먹이로 하여 살아가는 생물은 ▢▢▢▢ 라고 하고, 죽은 동식물을 썩게 만드는 세균이나 곰팡이를 ▢▢▢▢ 라고 해요. 이처럼 생물적 요소와 비생물적 요소가 상호작용하며 균형과 조화를 이루는 것을 ▢▢▢ 라고 해요.

지구와 우주

6 오랜 시간 자갈, 모래, 진흙의 쌓임이 계속 반복되어서 ☐☐ 이 형성돼요. 이런 알갱이들이 쌓인 것을 ☐☐ 이라고 하고, 이것이 굳어진 암석을 ☐☐ 이라고 해요.

7 우리 생활에서 공기와 관계가 있는 물건에는 어떤 것이 있나요?

8 지구는 껍질인 ☐☐ 과 단단한 ☐☐ , 액체 상태인 ☐☐ , 고체 상태인 ☐☐ 으로 이루어져 있다.

9 달의 모습에 대해서 맞는 말에는 ○, 틀린 말에는 ×로 표시하세요.

1 • 달은 지구처럼 둥근 모양입니다. ☐

2 • 달의 표면은 매끄럽습니다. ☐

3 • 달의 표면의 밝은 부분은 '달의 바다', 어두운 부분은 '육지'라고 합니다. ☐

4 • 달의 표면에는 평원과 분화구, 산맥과 계곡 등이 있습니다. ☐

5 • 달에는 지구의 바다와 같이 물이 있습니다. ☐

뛰어 넘기

놀라운 물질

1. 물질의 상태 변화를 나타낸 그림입니다. ▭ 에 알맞은 말을 넣어 주세요.

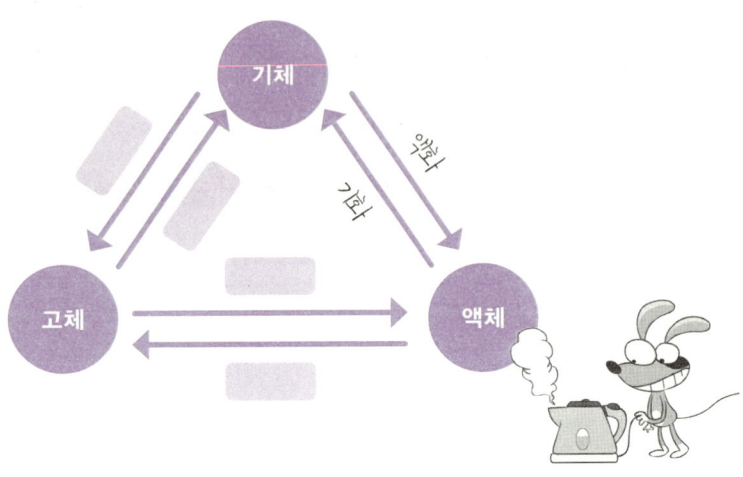

2. 산성비는 석유와 같은 ▭ , 자동차 매연에 들어 있는 ▭ 등이 비와 섞여 내리는 거예요. 산성비가 주는 피해에는 어떤 것들이 있나요?

3. 콩과 쌀, 좁쌀이 가득 찬 바구니에서 이 곡식들을 각각 분리해 내는 방법을 생각해 보세요.

④ 물은 사람들이 살아가는 데 없어서는 안 되는 소중한 물질이에요. 우리 생활에서 물이 어떻게 활용되고 있나요?

신기한 에너지

⑤ 전구의 연결 방법에 따른 차이점을 정리해서 빈칸을 채워 보세요.

연결 방법	직렬	병렬
특징		각 전기 기구를 따로 통제해야 할 때 사용한다.
밝기		
예		천장의 등, 가전제품, 가로등

⑥ 에너지 자원은 석유, 석탄, 가스 등 한 번 쓰면 없어지는 　　　　 에너지가 있고 태양, 바람, 물 등 대신해서 쓸 수 있는 　　　　 에너지가 있어요. 우리는 열에너지나 전기 에너지, 빛 에너지를 얻기 위해서는 주로 　　　　 에너지를 많이 사용해요. 그런데 이런 에너지들을 마구

쓰다가 나중에 다 없어져 버리면 어떻게 될까요?

⑦ 속력을 계산하는 공식을 완성해 보세요.

속력 = ☐ ÷ ☐

치타는 1초에 30미터 이동하고, 자동차는 1시간에 72킬로미터 이동한다면 어느 것이 더 빠른지 계산해 보세요.

⑧ 볼록 렌즈와 오목 렌즈 비교

	물체와 가까울 때	물체와 멀 때
볼록 렌즈		작고 거꾸로 보여요.
오목 렌즈	작고 바르게 보여요.	

넷째 날

높이 날기

다음 활동 중에 한 가지를 선택하여 독후활동을 해 보세요.

❶ 탐구하고 싶은 대상을 정해서 공책에 과학 탐구 보고서를 만들어 보세요.

★ **탐구 보고서 작성하는 법**

1 표지(1쪽)
　탐구 보고서 제목, 학년, 반, 번호, 이름
2 탐구 내용 소개(2쪽)
　1) 탐구 날짜
　2) 탐구 주제
　3) 탐구 대상 소개
　4) 탐구하게 된 동기
　5) 탐구를 통해 알아보고 싶은 점
　6) 탐구 실행 방법
3 탐구 내용 적기(3쪽~5쪽)
　탐구한 내용과 과정을 체계적으로 정리한다.
　사진과 자료를 제시하고 날짜별로 순서대로 정리한다.
4 탐구 결과표 정리(6쪽)
　탐구 내용을 간단하고 알기 쉽게 표로 정리한다.

❷ 이 책을 읽고 새롭게 알게 된 사실은 무엇인지 써 보세요.

이렇게 했어요!

1. 탐구 내용 소개

1) 탐구 날짜 : 2010.08.11~ 2010.08.14

2) 탐구주제 : 고양이와 강아지 비교

3) 탐구 대상 : 우리 집 강아지 쫑쫑이와 옆집 고양이 노노

4) 탐구하게 된 동기 : 평소에 동물에 관심이 많았고
우리 집에서 기르는 강아지와 옆집에서 기르는 고양이를 보면서 비슷한 점과 차이점에 대해서 궁금해졌다.
둘 다 애완동물이고 집에서 기르기 때문에 비슷한 것 같지만 다른 점도 많은 것 같아서 보다 자세하게 비교하여 분석해보고 싶었기 때문이다.

5) 탐구를 통해 알아보고 싶은 점 :
강아지와 고양이의 생김새, 습성, 먹이, 인간과의 관계 등 차이점과 공통점에 대해서 자세히 알아보고 싶다.
또한 평소에는 고양이에 관심이 없었지만 이번에 고양이에 대해 더 많이 알고 싶다.

6) 탐구실행방법 : 관찰 탐구조사
우리 집에 있는 개와 옆집의 이모 댁에 관찰하여 사진을 찍고 또 인터넷 등을 통해 궁금한 점과 자료를 조사하기로 하였다.

- 2 -

과학탐구 보고서

김동건

탐구 주제 : 고양이와 개의 비교

2. 탐구 내용

1) 이름과 사는 곳

 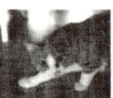

이름 : 쫑쫑이
사는 곳 : 한전 우성아파트
102동 103호

이름 : 노노
사는 곳 : 한전 우성아파트
102동 107호

2) 종

아메리카 코카스파니엘
오리 사냥개이다.
원산지는 영국이다.

길고양이다.

3) 코

 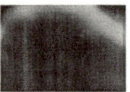

모양은 역삼각형이고
색깔은 검은 갈색이며
촉촉함

모양은 역삼각형이고
색깔은 살색이고
강아지 코보다 작다

- 3 -

4) 귀

귀가 커서 얼굴을 덮고 있고
귀에 염증이 잘 생긴다.

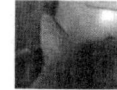
귀가 뾰족하고 세워져있다.
가끔씩 접어진다.

5) 꼬리

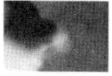
코카스파니엘은
사냥개이기 때문에
어릴 때 꼬리를 잘랐다.
기분이 좋으면 꼬리를 흔든다.

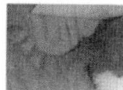
고양이는 꼬리가 유연하고 길며
경계하거나 기분이 나쁘면
꼬리를 세우거나 흔든다.

6) 먹이

육포나 개껌, 뼈다귀 같은
것들을 간식으로 먹는다.
고양이 사료보다 크다.

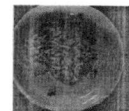
조림(참치),멸치 같은 것을
간식으로 먹는다.
사료는 개 사료보다 작다.

- 4 -

공(테니스공,축구공)을
굴리며 노는 것을 좋아한다.

공이나 실 뭉치
쥐 모양의 장난감을
가지고 논다.

8) 잠

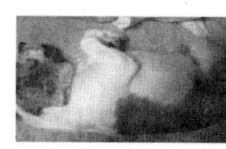
낮잠 3~4시간 잔다.
하루에 16~18시간 잔다.

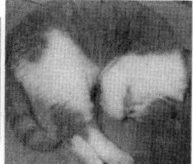
개와 마찬가지로 낮잠을
3~4시간 자고
하루에 16~18시간 잔다.

- 5 -

9) 집

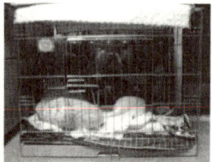 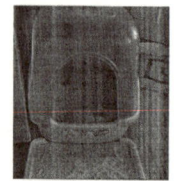

쇠창살로 만들어졌고
네모형이다.
바닥에는 이불로 푹신하게
만들어 놓았다.

플라스틱으로 만들어졌고
둥근 지붕 모양을 하고 있다.
바닥에 모래를 깔았다.

10) 발바닥과 발톱

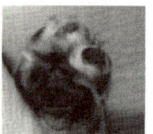 

발바닥이 까만색이고
네 개의 발톱이 있는데
단단하고 길지 않다.

발바닥이 분홍색이다.
발톱이 작고 평소에는
감춰놓지만 화가 나면
발톱을 날카롭게 세운다.

- 6 -

	강아지	고양이
	쫑쫑이	노노
	아메리카 코카스파니엘	길고양이
	역삼각형	역삼각형
	귀가 커서 얼굴을덮고 있다.	뾰족하고 세워져있다.
	코카스파니엘은 사냥개이기 때문에 꼬리를 잘라야 한다.	꼬리가 길다.
먹이	육포나 사료.	참치나 사료.
장난감	공	실 뭉치,공,쥐 모양의 장난감
잠	16시간이나 18시간 자야 활발하게 활동한다.	평균18시간
집	네모난 쇠창살의 집	둥근 플라스틱 집
발바닥	까만색	분홍색

4. 느낀 점

가족 같은 강아지라서 평소에는 쫑쫑이에 대해 잘 몰랐던 것을 알게 되었다. 고양이랑 비교하면서 조사하니까 공통점과 차이점을 많이 알게 되었다. 공통점은 둘 다 많이 자고 공 같은 장난감을 좋아한다는 것이다. 차이점은 쫑쫑이는 사람을 잘 따르고 귀에 염증이 잘 생기는데, 노노는 사람을 안 좋아하고 귀가 깨끗하다는 것이다.
뭐든지 자세히 보면 잘 알게 된다는 말이 무슨 뜻인지 알게 되었다. 앞으로도 쫑쫑이가 아픈지 심심한지 배고픈지 자세히 관찰해야겠다.

- 7 -

아이랑 함께 더 알아보기
과학의 분류 – 물리, 화학, 생물, 지구과학

물리학 物理學

물리학(物理學)은 물질에 대한 연구와 그것의 운동에 관여하는 에너지나 힘 등을 연구하는 자연 과학이다. 보다 넓은 의미에서는 자연에 대한 일반적인 분석과 우주가 어떤 방식으로 존재하는지를 이해하기 위한 학문이라고 할 수 있다.

물리학은 하위 학문인 천문학까지 고려하면 가장 오래된 학문 가운데 하나이다. 과학 혁명이 있기까지 2천년 이상의 기간 동안 물리학은 철학의 일종이었고 화학, 수학 등과 함께 자연 철학으로 불렸다. 그러나 16세기 이후 엄격한 과학적 방법을 사용하여 경험적 지식만을 다루게 되면서 물리학은 철학에서 분리되어 독자적인 학문으로 자리 잡게 되었다

현대의 물리학은 매우 다양한 세부 학문으로 나뉜다. 기본입자와 같은 미립자를 실험을 통해 검증하려는 입자물리학이나, 우주와 천체에 대해 연구하는 천체물리학과 같이 구분되기도 하고, 우주의 진화 과정이나 물질의 기본적 상태 등을 이론적으로 정립하는 이론물리학과 가설을 세우고 실험을 통해 검증하는 실험물리학과 같이 구분되기도 한다. 또한 역학, 전자기학, 광학과 같이 특정한 분야 별로 나뉘어 불리기도 한다. 한편 현대 물리학은 지구과학, 기상학, 생물학 등 다양한 분야의 학문들과도 학제간 연구가 활발히 이루어지고 있다. 물리학은 여러 학문에서 다루는 대상들의 기본적인 성질에 대한 지식을 제공하기 때문에 기초과학이라고 불린다.

화학 化學

화학(化學, Chemistry)은 물질의 성질, 조성, 구조, 변화 및 그에 수반하는 에너지의 변화를 연구하는 자연과학의 한 분야이다. 물리학 역시도 물질을 다루는 학문이지만, 물리학이 원소와 화합물을 모두 포함한 물체의 운동과 에너지, 열적·전기적·광학적·기계적 속성을 다루고 이러한 현상으로부터 통일된 이론을 구축하려는 것과는 달리 화학에서는 물질 자체를 연구 대상으로 한다. 화학은 이미 존재하는 물질을 이용하여 특정한 목적에 맞는 새로운 물질을 합성하는 길을 제공하며, 이는 농작물의 증산, 질병의 치료 및 예방, 에너지 효율 증대, 환경오염 감소 등 여러 가지 이점을 제공한다.

생물학生物學

생물학(生物學)은 생물을 연구 대상으로 하는 자연과학이다. 생물학은 생물의 구조, 기능, 생장, 기원, 진화, 서식, 분류 등을 탐구한다. 생물학은 많은 하위 학문을 포괄하는 광대한 주제를 다루는 학문이다. 이 가운데 현대 생물학의 주요한 핵심 연구 분야는 세포 이론, 진화, 유전자, 에너지, 항상성 등을 들 수 있다. 생물학의 하위분야는 연구의 방법과 목적에 따라 생물에서 일어나는 화학적 현상을 연구하는 생화학, 분자 수준에서 일어나는 생명 현상을 탐구하는 분자생물학, 세포에서 일어나는 생명 현상을 다루는 세포생물학, 기관이나 조직을 연구대상으로 삼는 생리학, 환경에서 다양한 생물 개체들이 맺는 관계를 탐구하는 생태학 등이 있다.

지구과학地球科學

지구과학(地球科學)은 지구를 대상으로 연구하는 학문들을 묶어 부르는 이름이다. 일반적으로 지구과학으로 불리는 학문들은 대기에서 일어나는 현상을 대상으로 하는 기상학, 지구 표면의 물질을 주로 대상으로 하는 지질학, 바다 현상을 대상으로 하는 해양학, 지구의 깊은 속에서 일어나는 현상을 대상으로 하는 지구물리학 등이 있다. 천문학도 지구과학에 포함된다. 지표면과 지표면 위에 있는 물과 공기 연구, 지구의 조성에 대한 연구, 지형 연구, 지구의 역사에 관련된 연구, 외계의 지질 연구 등의 전문 분야가 있다.

독서지도 레시피

07

고학년의 독서감상문 쓰기는 어떻게 하면 좋을까요?

- 비밀이 있어서 좋은 이유 클로디아의 비밀
- 소년과 소녀의 추억 만들기 소나기

고학년 독서감상문은 비판적 사고력과 독창적 사고력을 바탕으로 써요

감상문이란 어떤 대상을 보고 느낀 점을 쓰는 글입니다. 영화를 보고 난 후에는 영화 감상문을, 그림을 보고 난 후에는 그림 감상문을 쓸 수 있습니다. 마찬가지로 책을 읽고 난 후에는 독서감상문을 쓰세요.

고학년의 독서감상문은 저학년이나 중학년의 독서감상문과는 형식이나 내용면에서 달라야 합니다. 물론 등장인물의 성격을 파악하고, 줄거리를 이해하고, 중요한 사건이 무엇인지 알아야 하는 점은 같습니다. 또한 책의 주제를 파악해야 하는 점도 같습니다.

그러나 고학년의 독서감상문은 주제를 파악한 후 작가의 생각에 비판적으로 접근할 수 있어야 하고, 주인공의 행동에 의문을 제기할 수 있는 비판적 사고력을 바탕으로 해야 합니다. 또한 '나라면 어떻게 했을까', '배경이나 등장인물의 성격이 이야기와 달랐다면 사건이 어떻게 전개되었을까' 하는 독창적인 사고력도 바탕으로 하여 독서감상문을 쓸 수 있어야 해요.

독서감상문을 쓰기 위해서는 우선 감상문의 제목을 정해야 합니다. 제목은 책을 읽고 난 후 가장 감동적이었던 부분이나 감상문의 주제가 될 만한 내용으로 붙이면 됩니다. 《우리들의 일그러진 영웅》을 읽고 '영웅'이라는 단어가 과연 무엇을 의미하는지, 주인공을 왜

'일그러진 영웅'이라고 표현했는지를 감상문에 쓴다면 〈우리 시대의 진정한 영웅이란-'우리들의 일그러진 영웅'을 읽고〉 식으로 제목을 붙일 수 있어요.

감상문의 형식은 딱히 정해져 있지는 않지만 보통은 처음, 중간, 마무리의 구조로 씁니다. 처음 부분에는 책 소개나 등장인물의 소개, 가장 인상 깊었던 구절의 소개나 책에 대한 첫인상(제목이나 표지를 보았을 때의 느낌이나 생각) 등으로 시작합니다. '우리들의 일그러진 영웅'이라는 제목을 보았을 때 '영웅인데 왜 일그러진이라는 말을 앞에 썼을까?'라는 궁금증을 가졌다면 그때의 느낌을 쓰는 것으로 시작하면 됩니다. 또한 책을 읽게 된 아주 특별한 동기가 있다면 그 내용으로 시작해도 돼요.

중간 부분은 가장 인상적이었던 사건을 중심으로 앞서 말한 비판적, 독창적 사고력을 바탕으로 한 느낌과 감상을 씁니다. 인물의 행동에 대한 느낌과 사건의 진행 과정에 대한 생각을 구체적으로 써야 해요. 단지 생각과 느낌만 쓰는 것이 아니고 왜 그런 생각이 들었는지, 그 장면에서 구체적으로 무슨 생각을 했는지를 씁니다. 가령 엄석대가 한병태를 괴롭히는 장면을 읽었을 때 '내가 한병태였다면 어떻게 했을 텐데'라든지 '반 아이들은 왜 엄석대의 횡포에 대항하지 못할까?'라는 의문에 대해서 구체적이고 자세하게 쓰면 됩니다.

마무리 부분에는 책을 읽고 난 후 자신의 생각의 변화나 책의 주제에 대한 생각, 책에서 배울 점이나 새롭게 깨닫게 된 사실들을 주로 씁니다. 글 전체를 마무리하는 단락이므로 책에 대한 자신의 생각을 정리하며 끝맺도록 합니다. 너무 상투적이거나 뻔한 마무리를 쓰지 않도록 주의하세요.

비밀이 있어서 좋은 이유

● **클로디아의 비밀** E.I. 코닉스버그 글 | 비룡소

관련교과 국어
5. 1. 1. 문학의 즐거움
6. 1. 7. 문학의 향기
6. 2. 4. 마음의 울림

학습목표
1. 클로디아의 모험을 통해 모험의 재미와 위험에 대해 알 수 있다.
2. 비밀의 진정한 의미를 알 수 있다.

● **독서지도 포인트**

주인공 클로디아는 가출을 결심한 후 어디로 갈지, 무엇을 할지 차근차근 계획을 세우고 실행에 옮깁니다. 하지만 그 모험에서 우연히 '비밀'에 접근하게 되고 자신이 원하던 모험이 '비밀'이었음을 알게 됩니다. 그리고 그 비밀을 풀기 위해서 자신이 할 수 있는 최선을 다 합니다. 계획된 가출이기는 하지만, 미술관으로의 가출이라는 신선함과 미켈란젤로의 조각인 천사상의 비밀을 파헤쳐 가는 긴장감까지 더해져 흥미롭습니다. 또한 이 책은 아이들이 흥미롭게 책을 읽는 과정에서 진정으로 원하는 모험이 무엇인지 생각해 볼 수 있도록 해줍니다.

● **함께 읽으면 좋은 책**

톰 소여의 모험 마크 트웨인 글 | 삼성출판사

언제나 기상천외한 소동을 벌이는 말썽꾸러기 톰 소여는 해적이 되기를 꿈꾸고, 살인 사건의 범인을 밝혀내기도 하며 보물을 찾아 나섭니다. 용감하고 따뜻한 마음씨를 가진 톰 소여와 함께 흥미진진한 모험의 세계를 경험할 수 있습니다.

에밀과 탐정들 에리히 캐스트너 글 | 시공주니어

난생처음 기차를 타고 도시 구경을 하게 된 에밀이 기차에서 곤란한 일을 겪게 되지만 도시에서 처음 만난 친구들과 함께 곤경을 이겨 나가는 이야기예요. 도시 곳곳을 누비는 에밀과 친구들의 신나는 모험이 펼쳐집니다.

첫째 날
생각하며 걷기

1 클로디아가 가출을 결심한 까닭은 무엇인가요?

2 클로디아가 동생 제이미를 데리고 가출을 하여 메트로폴리탄 미술관까지 간 과정을 설명해 보세요.

3 미술관에서의 첫날밤에 클로디아와 제이미가 쉽게 잠들지 못한 까닭은 무엇이었나요?

4 클로디아는 미술관에서 숨어 지내면서도 그 안에서 뭔가 새로운 것을 배워야 한다고 생각합니다. 공부를 하기 위해 그들이 택한 전시관은 어디인가요?

5. '천사상' 조각상이 사람들의 주목을 끈 까닭은 무엇인가요?

6. 클로디아가 '천사상' 조각에 관심을 가지고 그 비밀을 풀기로 결심한 까닭은 무엇인가요?

7. 클로디아와 제이미가 '천사상'이 미켈란젤로의 작품이 맞다고 확신하게 된 계기는 무엇인가요?

8. 클로디아와 제이미가 프랭크와일러 부인을 찾아간 까닭은 무엇인가요?

⑨ 프랭크와일러 부인은 왜 조각상을 기증하지 않고 미술관에 팔았나요?

⑩ 클로디아와 제이미는 조각상의 비밀을 어떻게 알게 되었나요?

⑪ 프랭크와일러 부인은 왜 조각상의 밑그림을 미술관에 넘기지 않고 혼자 보관하면서 사람들이 조각상에 대해서 궁금하게 만들었나요?

⑫ 프랭크와일러 부인의 유언장 내용을 정리해 보세요.

뛰어 넘기

1 가출한 지 일주일이 지나고 제이미는 집으로 돌아가기를 원하지만 클로디아는 그럴 수 없다고 합니다. 클로디아가 집으로 돌아갈 수 없는 까닭은 무엇인지 생각해 보고, 두 아이의 말 중 어느 말이 더 옳은지 자신의 생각을 말해 보세요.

2 자신들의 가출 기사가 신문에 나고 부모님이 걱정한다는 것을 알게 된 클로디아와 제이미의 반응은 어떠했나요?

3 클로디아와 프랭크와일러 부인처럼 거울을 들여다보며 자신이 아름답다고 (혹은 멋있다고) 느낀 적이 있나요? 언제 그런 기분이 들었나요?

④ 클로디아와 제이미는 집으로 돌아갈 차비도 남지 않고 빈털터리가 되었습니다. 자신이 이런 경우라면 어떻게 집으로 돌아갔을지 방법을 생각해 보세요.

⑤ 클로디아가 가출을 통해 얻으려고 했던 두 가지는 무엇이었나요? 자신도 무엇인가를 얻기 위해 계획을 세우고 노력했던 적이 있는지 말해 보세요.

⑥ 프랭크와일러 부인은 '비밀은 안전하면서도 한 사람을 완벽하게 다른 사람으로 만들어 준다.'고 말합니다. 자신을 다른 사람으로 만들어 주는 마음속의 비밀이 있나요?

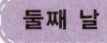

둘째 날

높이 날기

다음 독후활동을 해 보세요.

클로디아와 제이미처럼 신나는 모험을 즐기러 떠난다고 상상하고, 나만의 비밀 가출 계획서를 만들어 보세요.(너무 길면 부모님이 걱정하시니까 일주일 동안 만의 계획서를 만들어 보세요.)

	의 가출 계획서

날짜   장소

준바물

날짜	해야 할 일

이렇게 했어요!

○○○의 가출 계획서
날짜 : ○월 ○일 ~ ○월 ○일
장소 : 방송국
준비물 : 돈, 카메라, 담요

날짜	해야 할 일
5/6	뮤직뱅크 보고 샤이니랑 사진찍기
5/7	무한도전 촬영장 구경하기
5/8	인기가요 무대정리 돕기
5/9	드라마 행인으로 출연
5/10	편집실 구경하고 편집 해보기
5/11	엄마가 좋아하는 연예인 영상편지 받기
5/12	정리하고 집가기

○○○의 가출 계획서
날짜 : ○월 ○일 ~ ○월 ○일
장소 : 숲속
준비물 : 옷, 손도끼, 아빠 라이터, 침낭, 텐트, 학원 숙제

날짜	해야 할 일
5/1	숲속에 들어가서 가출의 쾌감 느끼기
5/2	텐트 세우고 아빠라이터로 불 피우기
5/3	과일 모으고 함정 파서 토끼 잡기
5/4	시냇가에서 물놀이 하기
5/5	엄마 아빠 줄 꽃 모아서 꽃다발 만들기
5/6	밀린 숙제 다하기
5/7	집정리해서 집으로 가기

| 아이랑 함께 더 알아보기 | # 메트로폴리탄 미술관 Metropolitan Museum of Art |

뉴욕시에 있는 미국 최대의 미술관이다. 파리의 루브르 미술관, 런던의 대영 박물관과 함께 어깨를 나란히 하는 세계 최고의 미술관 중 하나이며 해마다 500만 명이 넘는 관람객이 방문하고 있는 뉴욕 명소이다. 동서고금을 넘나드는 규모와 세계의 전 지역에 걸친 광범위한 소장품은 질적인 수준 또한 최고이다.

메트로폴리탄 미술관은 1866년 7월 4일 독립기념일에 외교관 J.제이(1817~1894)가 파리에서 한 연설을 발단으로 설립 운동이 구체화되었으며, 뉴욕 시민의 노력으로 1870년 임대건물에서 소규모로 개관하였다가, 1880년에 센트럴 파크의 지금 위치로 옮겼다. 역사는 짧지만 그동안의 기증품·구입품, 탐험에 의한 발굴품 등 학문적으로 귀중한 소장품이 급속도로 늘었다. 1954년에 대규모 개축으로 근대식 전시장을 완비하여 오늘날 그 규모나 내용면에서 세계 굴지의 종합미술관이 되었다. 아시아 지역과 관련하여 중국실·일본실·동남아실에 이어, 한국국제교류재단과 삼성문화재단이 한국실 설치를 위한 경비와 전문가 양성 및 프로그램 기금을 지원함에 따라 1998년 6월 한국관을 개관했으며, 400여 점의 한국 미술품을 소장하고 있다.

- 오픈시간 오전 9시 30분~오후 5시 30분(금, 토: ~오후 9시)
- 휴무일 월요일, 공휴일
- 주소 1000 Fifth Ave.(at 82nd St.)
- 전화번호 212-535-7710
- 요금 어른 $20, 학생 $10, 12세 미만 무료
- 공식 홈페이지 http://www.metmuseum.org
- 상세설명 세계 4대 미술관 중 하나답게 고대부터 중세, 르네상스, 신고전주의, 인상파, 초현실주의, 현대에 이르기까지 330만여 점의 작품을 19개의 전시관에 전시하고 있다. 도네이션 입장도 가능하며, 입장 배지가 있으면 당일에 한해 클로이스터스 미술관까지 관람할 수 있다. 하이라이트는 웅장한 덴두르 신전이 있는 1층의 이집트관과 현대미술관, 유럽 거장들의 작품을 모아 둔 2층의 유럽 회화관. 존 싱어 사전트의 '마담 X'도 매혹적이다.

소년과 소녀의 추억 만들기

● 소나기(황순원 단편집) 황순원 글 | 다림

관련교과 국어
5. 2. 7. 이야기와 삶
6. 1. 7. 문학의 향기
6. 2. 7. 즐거운 문학

학습목표
1. 한국 문학의 아름다움을 알 수 있다.
2. 나와 다른 시대의 생활과 정서를 이해할 수 있다.

● **독서지도 포인트**

한국 단편 문학의 대표작가 황순원의 소설을 묶은 단편소설집입니다. 중학교 교과서에 수록되어 있는 〈소나기〉를 비롯하여 〈닭제〉, 〈산골아이〉, 〈별〉, 〈송아지〉 등 다섯 편의 단편이 실려 있어요. 시적인 소설을 쓰는 황순원의 소설은 감각적인 묘사와 짧고 진솔한 서술로 아이들이 문학의 아름다움을 감상하며 읽을 수 있어요.

시대적인 배경이 다르고 정서가 다르기 때문에 공감대를 형성하기 힘든 점이 있으나, 지금으로부터 100여 년 전의 아이들의 모습을 엿보고 그들의 정서와 생활 모습을 알게 되는 즐거움을 알 수 있도록 지도하세요.

● **함께 읽으면 좋은 책**

흰종이 수염 하근찬 글 | 다림

전쟁을 배경으로 하고 있지만, 직접적으로 전쟁에 대한 이야기를 드러내지는 않습니다. 하지만 전쟁으로 인한 아픔과 상처를 실감나게 들려줘 전쟁의 폐해를 알 수 있게 해줍니다.

마지막 잎새 오 헨리 글 | 오정환 옮김 | 북앤북

많은 사람들에게 감동을 주는 작품들을 국어과 선생님들이 골라 엮은 '국어과 선생님이 뽑은 세계문학 읽기' 시리즈 첫 번째 책입니다. 오 헨리 특유의 감성적인 유머, 절묘한 반전, 행복한 로맨스를 그린 작품들이 수록되어 있습니다.

생각하며 걷기/뛰어 넘기

소나기

① 소년과 소녀의 만남에서 무슨 일이 있었는지 장소의 이동에 따라 정리해 보세요.

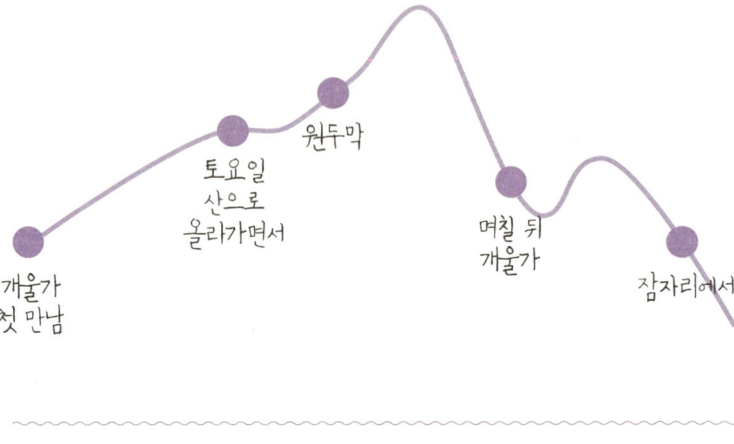

② 소설의 결말을 암시해 주는 부분을 복선이라고 합니다. 이 이야기에서 소녀의 죽음을 암시해 주는 복선에는 어떤 것이 있나요?

③ 소녀는 왜 자신이 입은 옷을 입혀서 묻어 달라고 했을까요?

④ 소녀가 남긴 말을 들었을 때 소년의 기분은 어땠을지 상상하여 써 보세요.

산골아이

⑤ 할머니가 들려준 여우 고개의 전설인 총각애와 꽃 같은 색시의 이야기를 요약해서 써 보세요.

⑥ 할머니의 이야기를 듣고 잠이 든 산골아이는 어떤 꿈을 꾸게 되나요?

7 산막골에서 반수할아버지에게 어떤 일이 벌어졌는지 말해 보세요.

8 아버지 걱정을 하다가 잠이 든 산골아이는 어떤 꿈을 꾸나요?

별

9 아이는 누이가 돌아가신 어머니를 닮았다는 동네 아줌마들의 말을 왜 그렇게 싫어했나요?

10 아이는 왜 누이가 업고 있는 이복동생의 볼기짝을 꼬집어 버렸나요?

⑪ 원하지 않은 남자와 결혼을 하게 된 누이가 죽었다는 소식을 들은 아이는 어떻게 행동했나요? 이때 아이의 마음은 어떠했을까요?

⑫ 왜 소년은 누이는 죽어서도 어머니처럼 아름다운 별이 되어서는 안 된다고 생각했을까요? 누이와 어머니에 대한 소년의 마음을 짐작해 보세요.

송아지

⑬ 돌이네 송아지가 처음 돌이네에 왔을 때 어떤 모습이었는지 묘사해 보세요.

⑭ 학교에서 돌아온 돌이는 방죽으로 송아지를 데리고 나가서 풀을 먹이곤 했어요. 돌이의 생활과 방과후 나의 생활을 비교해 보세요.

⑮ 돌이와 송아지는 6.25 전쟁이 일어나자 어떻게 되었나요?

⑯ 돌이와 송아지의 우정을 보면서 나에게도 목숨을 건 순수한 우정을 나눌 대상이 있는지 생각해 보고, 왜 그런 우정을 나누고 싶은지 써 보세요.

넷째 날

높이 날기

다음 활동 중에 한 가지를 선택하여 독후활동을 해 보세요.

1 소나기에 나오는 낯선 단어의 뜻을 찾아보고, 짧은 글짓기를 해 보세요.

- 바투
  →

- 사뭇
  →

- 그을
  →

- 잠방이
  →

- 책보
  →

- 악상
  →

- 잔망스럽지
  →

- 주억거렸다
  →

- 겨우살이
  →

- 얼김에
  →

이렇게 했어요!

[첫 번째 노트]

* 바투 : 바싹
→ 할래버리며 바둑을 바투 잡고 뒤었다.

* 사뭇 : 매우
→ 어제와는 사뭇 다른 날씨다.

* 그을 : 비를 잠시 피하여 그치를 기다림
→ 비가 올 때 우산이 없으면 비를 그을 곳이 필요하다.

* 잠방이 : 가랑이가 무릎까지 내려오게 지은 짧은 여름 홑바지
→ 작년에 입은 잠방이가 작다.

* 책보 : 가방 대신 책을 싸던 보자기
→ 시골 어른도 이제 책보를 들고 다니지 않는다.

* 악상 : 부모 앞서 자식이 죽은 일
→ 악상이라니 세상에 그런가!

* 잔망스럽지 : 하는 것이 얄밉도록 맹랑한
→ 나는 잔망보다 대가 좋다

* 주억거렸다 : 고개를 끄덕끄덕 천천히 끄덕거렸다.
→ 수학 선생님이 설명을 듣고 나는 고개를 주억거렸다.

* 겨우살이 : 겨울 동안 입고 먹고 지낼 옷이나 양식
→ 겨울이 되면 동물들은 겨우살이를 준비한다.

* 얼김에, 얼떨결에, 어떤일에 별어지는 바람에
→ 만생쇼을 하고 있다가 얼김에 문을 열었다.

[두 번째 노트]

* 바투 : 바싹
→ 선생님 말씀을 잘 들으려고 의자를 바투 당겨 앉았다.

* 사뭇 : 매우
→ 겨울이 되니 날씨가 사뭇 추워졌다

* 그을 : 비를 잠시 피하여 그치기를 기다림
→ 갑자기 비가 와서 빌딩입구를 비를 그을려고 들어갔다

* 잠방이 : 가랑이가 무릎 까지 내려오게 지은 짧은 여름 홑바지
→ 여름이 다가와 잠 방이를 입어야겠다.

* 책보 : 가방 대신 책을 싸던 보자기
→ 엄마는 어릴 때 책보를 들고 학교에 다녔다고 한다

* 악상 : 부모 앞서 자식이 죽은 일
→ 악상은 몹쓸 일이다.

* 잔망스럽지 : 하는 것이 얄밉도록 맹랑한
→ 그 아이는 잔망스럽게 영리하다.

* 주억거렸다 : 고개를 끄덕끄덕 천천히 끄덕거렸다.
→ 선생님 명령에 나는 고개를 주억거렸다.

* 겨우살이 : 겨울 동안 입고 먹고 지낼 옷이나 양식
→ 다람쥐는 겨울이 오면 겨우살이를 준비한다.

* 얼김에 : 명령결에 어떤일이 벌어지는 바람에
→ 넘어지면서 얼김에 물을 쏟았다.

② 단편집 《소나기》를 읽고 독서감상문을 써 보세요.

★ 단편집의 독서감상문을 적을 때는?

1 처음: 책 전체의 소개(특징, 내용, 주제), 작가 소개로 시작한다.
2 가운데: 여러 개의 작품 중에서 가장 인상 깊었던 작품 하나 혹은 두 개를 골라서 사건과 느낌, 생각, 자신의 경험과의 비교 등을 쓴다.
3 마무리: 작품 전체의 주제에 대한 생각과 책을 다 읽은 후의 감상을 쓴다.

아이랑 함께 더 알아보기

황순원의 소나기

소나기는 영화로도 만들어졌어요

- 원작 황순원
- 상영시간 100분
- 출연 고영남, 조윤숙, 김신재, 주영훈, 이영수
- 관람등급 전체 관람가
- 감독 고영남
- 개봉 1979. 9. 13
- 줄거리 석이는 개울가에서 소녀를 보자 서울에서 전학 온 윤초시 증손녀라는 것을 알게 된다. 연이는 석이와 친해지려고 장난스럽게 접근을 하지만 석이는 피한다. 그러던 어느 날 석이와 연이는 산으로 단풍구경을 갔다가 소나기를 만난다. 둘은 원두막에서 소나기를 피한 다음 무사히 돌아오나 소나기를 맞은 연이는 열병을 앓게 된다. 몸이 나은 연이는 개울가에서 석이를 만나지만 읍내로 이사 간다는 사실을 알린다. 그날 밤 석이는 덕쇠 영감네 호두를 따서 연이에게 주려고 개울가로 달려가지만 연이의 모습은 보이지 않는다. 어느 날 서당골을 다녀온 아버지가 연이의 죽음을 알린다. 잠결에 그 소리를 들은 석이는 소리 죽여 울음을 삼킨다.

소나기는 드라마로도 만들어졌어요

KBS TV문학관 소나기
- 방영일 2005년 5월
- 출연 이재웅, 이세영, 신구, 박철호

MBC 베스트셀러 극장 소나기
- 연출 최종수
- 방영일 1989년
- 출연 김석진, 조은정

소나기 마을 (황순원 문학촌)도 있어요

- 주소 경기도 양평군 서종면 수능리 산 74번지 소나기 마을(476-703)
- 특징 소나기 마을은 황순원 소설의 의미를 되새기며 체험할 수 있도록 꾸며진 테마파크
- 시설 황순원 문학관, 고향의 숲, 고백의 길, 송아지 들판 등

독서지도
레시피
―
08

관람 보고서는 어떻게 작성하면 좋을까요?

- 그림으로 떠나는 여행 초등 교과서가 들려주는 한국 명화, 세계 명화
- 전쟁으로 보는 역사 열려라 박물관 7

체험학습을 한 다음에는
보고서 쓰기로 학습 효과를 높여요

흔히 방학 과제로 미술관이나 박물관을 견학하고 관람 보고서나 관람 감상문 등을 내게 합니다. 중학생의 경우 수행평가가 점점 중요해지고 있는데, 이때 미술이나 음악의 경우 미술관이나 음악회 등의 관람 보고서나 관람 감상문으로 평가를 하기도 하죠. 과학은 탐구 보고서로 수행평가를 하기도 합니다. 이런 경우 어떻게 지도하면 좋을까요?

먼저 보고서의 특징과 형식을 알 필요가 있습니다. 보고서란 어떤 일에 대하여 연구했거나 조사한 내용을 남에게 보고하기 위하여 쓴 글로 수집한 정보로부터 일반화할 수 있는 결론을 적은 글이에요. 보고서는 사실과 의견을 구별하여 정확하고 구체적으로 써야 해요. 그리고 보고할 내용이나 대상, 순서나 방법을 제시합니다. 이해를 돕기 위해 표나 그림, 관련 사진 등의 보조 자료를 적절히 사용하는 것도 좋아요. 관련 팸플릿이나 입장권, 관련 사진 등이 있으면 활용할 수 있답니다. 그러므로 관람을 갔을 때는 잊지 말고 관련 자료들을 챙겨야 해요.

관람 보고서의 처음 부분에는 주제를 소개하고, 관람 목적과 방법 및 그 경과를 나타내고 중간 부분에는 보고할 내용을 정리하고 결과를 제시하며, 끝 부분에는 관람자의 의견이나 소감을 나타냅니다.

관람 보고서의 구성 형식은 다음과 같아요.

1. 주제

전시회를 갔다면 전시회의 주제를 적습니다. 예를 들어 로댕의 전시회를 갔다면 〈신의 손, '로댕전'을 보고〉 등으로 표현할 수 있습니다.

2. 동기와 목적

관람 장소에 왜 갔는지 목적을 적습니다. 예를 들어 '주말을 가족과 의미 있게 보내기 위해 함께 갔다.'고 할 수도 있고, '과제를 위해 갔다.'고 할 수도 있어요. 혹은 '책으로만 보던 로댕의 작품이 궁금하여'로 표현할 수도 있습니다.

3. 방법과 준비

입장권 티켓이나 전시회를 잘 감상하기 위해 준비한 것들, 예를 들면 수첩, 필기구, 도록, 오디오 안내, 카메라 등이 있으면 쓰세요.

4. 경과와 내용

보고서의 본 단계로 감상한 작품과 작품 소개를 해요. 이 부분은 관람한 내용이 들어가요. 이때 사진이나 그림 등의 수집한 자료를 활용하면 좋아요.

5. 결과와 반성

결과 단계로 관람자의 의견과 감상을 나타내요. 즉, 관람 후기를 쓰는 부분이에요. 관람한 것에 대한 전체 감상과 부분적인 느낌, 생각 등을 써요. 돌아오는 길에 있었던 일을 써도 괜찮아요.

관람 보고서를 쓸 때는 관람 전, 관람 중, 관람 후의 시간 순서에 따라 체계적으로 정리를 하고 간결하고 요점이 분명하도록 쓰는 것이 좋아요. 가능하면 관람한 작품 사진이나 관련 자료 등을 곁들여 이해를 도와야 합니다. 그리고 육하원칙에 충실하여 쓰되 자신의 생각이나 감상을 함께 적어야 해요. 좀 더 형식을 갖추기 위해서는 겉표지를 만들면 좋아요. 겉표지에 들어가는 내용으로는 제일 먼저 내가 생각한 제목을 쓴 후 그 아래 관람명을 써요. 그리고 아랫 부분에 학교와 학년 이름을 쓰면 돼요.

관람 보고서를 쓰기 위해 미술관이나 박물관 등을 관람할 경우 미리 관련 지식을 쌓아 두면 좋아요. 관람을 떠나기 전에 인터넷 자료나 백과사전, 책 등을 통해 관련 내용을 알아보세요. 아는 만큼 보이는 법이니까요.

> 신의 손
> '로댕 전'을 보고
>
> ○○초등학교
> ○학년 ○반
> 이름 ○○○

그림으로 떠나는 여행

● 초등 교과서가 들려주는 한국 명화, 세계 명화 장세연 글 | 채우리

관련교과 미술
5. 6. 수묵화와 채색화
5. 12. 우리나라와 다른 나라 미술
6. 1. 상상표현
6. 3. 다양한 표현

학습목표
1. 그림에 얽힌 이야기와 함께 미술사에 대해 알 수 있다.
2. 그림에 담긴 작가의 생각을 알고 그림을 감상할 수 있다.

● **독서지도 포인트**

서양 미술이 색채와 면의 예술이라고 한다면 동양 미술은 선의 예술이라고 할 수 있답니다. 이 책에는 다 빈치의 〈모나리자〉, 로댕의 〈생각하는 사람〉 등 서양 미술사에서 중요한 13명의 작가의 작품들을 담았습니다. 서양 미술만 다룬 것이 아니라 우리나라 미술사에서 중요한 8명의 작가의 작품들도 실려 있지요. 신라 시대의 〈천마도〉, 김홍도의 〈서당〉, 이중섭의 〈흰 소〉까지 초등 교과서에 실린 동·서양의 모든 명화들을 감상할 수 있습니다.

예술과 관련된 책을 지도할 때 우선시해야 할 것은 작품에 대한 자유로운 감상입니다. 작품 감상을 충분히 하면서 작품이나 화가에 얽힌 이야기나 미술사 등의 내용을 연관 짓는 것이 좋습니다. 그림을 따라 그려 보는 것도 작품을 이해하는 한 가지 방법입니다.

● **함께 읽으면 좋은 책**

세계 명화와 함께 하는 그리스 로마 신화 박현철 글 | 푸른숲

각 시대의 대표적인 화가들이 그리스 로마 신화에 영감을 받아 그린 신화 속 명장면들과 그에 얽힌 재미있는 이야기가 펼쳐집니다. 그리스 로마 신화도 알고 명화 감상도 해 보세요.

황소의 혼을 그린 이중섭 최석태 글 | 아이세움

우리나라의 대표적인 화가 이중섭의 생애와 작품을 다룬 책입니다. 그 시대의 상황과 이중섭에게 영향을 준 사람들과의 일화는 물론 관련 사진과 그림 등도 자세히 소개되어 있습니다.

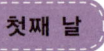

생각하며 걷기

다음 그림에 대한 질문에 대답해 보세요.

1

제목 라 그랑드 자트 섬의 일요일 오후
작가 쇠라

1• 점묘법의 특징은 무엇인가요?

2• 화가는 무엇 때문에 이런 그림을 그렸나요?

2

제목
작가 고흐

1• 고흐 그림의 특징을 말해 보세요.

③

제목 아비뇽의 처녀들
작가

1• 이 작품 어디에도 원근법과 명암법을 찾아볼 수 없어요. 왜 이렇게 그렸을까요?

2• 큐비즘 미술의 특징을 말해 보세요.

④

제목
작가 몬드리안

1• 이 그림이 나오게 된 배경을 설명해 보세요.

2• 작가가 이런 작품을 선보이기 위해 관심을 기울인 것은 무엇인가요?

⑤

제목 ☐
작가 고구려인

1 • 고구려인들이 사냥하는 그림을 많이 그린 까닭은 무엇인가요?

⑥

제목 ☐
작가 ☐

1 • 작가는 소 그림을 통해 무엇을 말하고 싶었을까요?

2 • 이 작품의 소는 어떤 모습인가요? 그림을 보고 작품을 설명해 보세요.

⑦

제목 떡방아 찧는 토끼
작가 모름

1• 민화가 다른 그림과 다른 점은 무엇이 있나요?

2• 민화에 등장하는 소재를 열 가지 이상 써 보세요.

⑧

제목
작가 신사임당

1• 풀과 곤충, 작은 동물을 소재로 삼은 그림을 무엇이라고 하나요?

뛰어 넘기

1 그림을 보고 대답해 보세요.

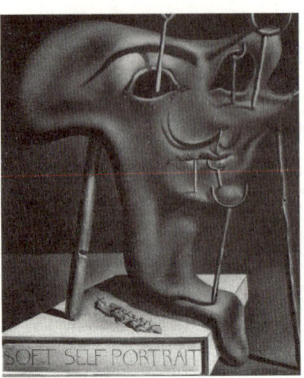

1• 그림 속에 나오는 물건들을 살펴보세요. 이 물건들이 의미하는 것은 무엇일까요?

2• 이 작품에 제목을 붙여 보세요. 그렇게 지은 까닭은 무엇인가요?

2 다음 두 그림을 비교해 보고 대답해 보세요.

1 • 두 그림은 어떤 차이가 있나요?

2 • 뒤샹이 이런 그림을 그린 까닭은 무엇일까요? 자유롭게 생각해 보세요.

③ 두 그림을 비교해 보세요.

내용 \ 제목	생투 빅투아르 산	대부벽준 산수도
제작 시기		
작가		
표현 재료 및 방법		
작품의 특징		

4 지금까지 여러 작품을 감상해 보았습니다. 그림을 잘 이해하기 위해서 필요한 것은 무엇이라고 생각하나요?

둘째 날

높이 날기

다음 활동 중에 한 가지를 선택하여 독후활동을 해 보세요.

1. 이 책에는 여러 화가의 작품이 나옵니다. 이 중에 한 작품을 선택하여 도화지에 따라 그려 보세요.

이렇게 했어요!

② 이 책에 나오는 그림 중 마음에 드는 그림을 골라 책 병풍을 만들어 보세요.

★ **책 병풍을 만들 때는?**

- 색지를 긴 정사각형 모양으로 오린 후 지그재그로 접는다. 이때 종이의 크기에 따라 병풍책의 크기를 조절할 수 있다.
- 스캔을 받거나 복사한 그림을 오려 병풍 한 면에 붙인 후 간단한 설명을 덧붙인다.
- 병풍의 제일 첫 면에 책 제목과 저자나 출판사 명을 쓰고 꾸며 준다.

이렇게 했어요!

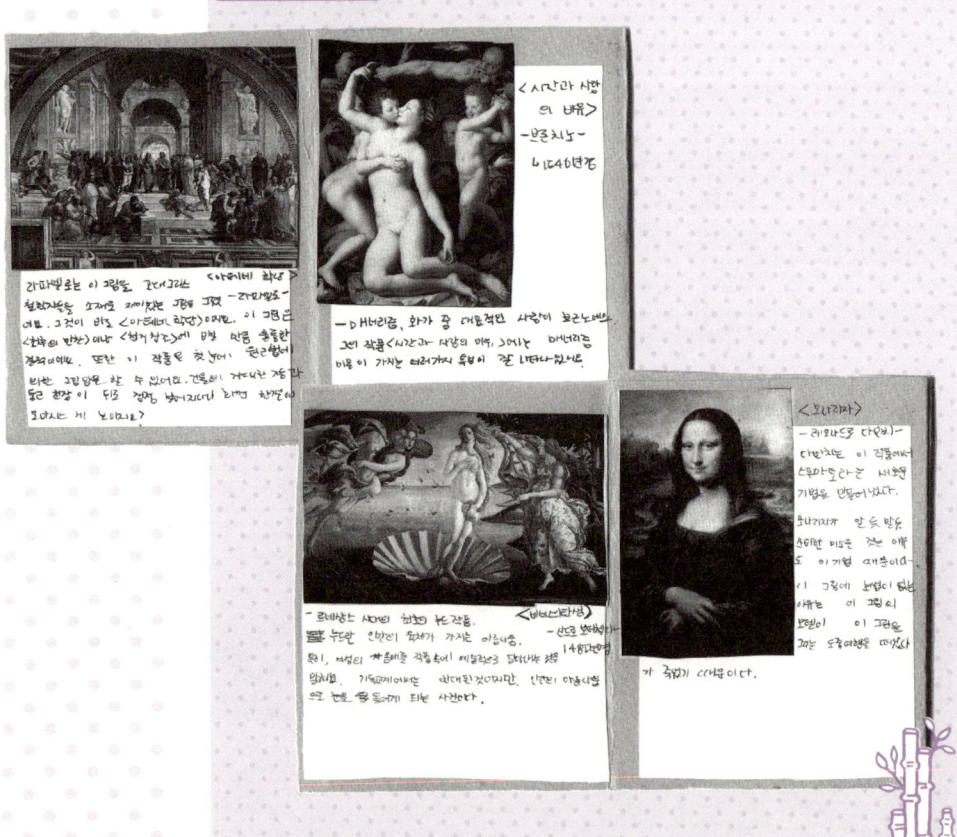

아이랑 함께 더 알아보기

미술관으로 나들이 가볼까?

들려 볼 만한 사이버 미술관 목록

- EBS청소년-청소년 교양-청소년 미술감상
- 세계명화
- Art.com
- 프랑스국립미술관
- 독일역사박물관
- 오스트리아미술관
- 브라질미술관
- 뉴욕디아센터미술관
- 화가마을
- 사이버미술대학

- 서양미술사
- 한국의 미술
- 동양미술사
- 야후거장미술
- 라이코스 미술
- 러시아 미술
- 반 고흐 갤러리
- 고흐와 고갱
- 클로드모네A
- 까미유 끌로델
- 마티스

- 한국미술작가500인
- 운보 김기창
- 오원 장승업
- 루브르미술관
- 뉴욕박물관
- 이태리박물관
- 일본국립미술관
- 국립현대미술관
- 예술의 전당
- 서울시립미술관
- 호암미술관

들려 볼 만한 국내 미술관 목록

미술관	이용시간	휴무	주소 및 연락처
과천국립현대미술관	• **3월~10월** 오전 10시~오후 6시 (토·일, 오후 9시까지) • **11월~2월** 오전 10시~오후 5시(토·일, 오후 8시까지)	매주 월요일과 1월 1일	경기도 과천시 광명로 313 (막계동 산58-4) TEL 02)2188-6000 FAX 02)2188-6123
덕수궁 미술관	• 화~목 오전 9시~오후 7시 • 금~일 오전 9시~오후 8시 30분	매주 월요일	서울시 중구 정동 5-1 TEL 02)2022-0600 FAX 02)2022-0644

서울 시립 미술관	서소문 본관(중구 서소문동)
	• **3월~10월**
	  화~금 10:00~21:00
	  (토·일·공휴일 19:00)
	• **11월~2월**
	  화~금 10:00~21:00
	  (토·일·공휴일 18:00)
	남서울 분관(관악구 남현동)
	  화~금 10:00~20:00
	  (토·일·공휴일, 18:00)
	경희궁 분관(종로구 신문로)
	  화~일 10:00~18:00
		매주 월요일, 1월 1일	서울시 중구 미술관길 30 (서소문동 37)
			TEL 다산콜센터 02)120
			
			서울시 종로구 새문안길 60 (신문로2가 2-1)
			TEL 02)723-2491
			
			서울시 관악구 남부순환로2082 (남현동 1059-13)
			TEL 02)598-6247

전쟁으로 보는 역사

● 열려라 박물관 7(전쟁과 무기편)　금동이책 글·구성 | 랜덤하우스코리아

관련교과 사회
5. 1. 1. 하나 된 겨레
5. 1. 2. 다양한 문화를 꽃피운 고려
5. 1. 3. 유교 전통이 자리 잡은 조선
5. 2. 1. 조선 사회의 새로운 움직임

학습목표
1. 전쟁을 통해 우리나라 역사를 알 수 있다.
2. 보고서 쓰기를 할 수 있다.

● **독서지도 포인트**

박물관에서 볼 수 있는 유물에 대해 상세하게 설명해 주고 있는데 풍부한 사진 자료와 그림은 독자의 빠른 이해를 돕고 있어요. 〈전쟁과 무기〉편에서는 전쟁기념관에 있는 다양한 유물들과 고조선, 삼국 시대부터 현대까지 우리나라가 겪어 온 전쟁의 역사와 그 의미를 통해 살아 있는 역사와 지혜를 배웁니다. 역사와 관련된 책을 지도할 때는 역사를 통해 우리가 배워야 할 점은 무엇이며, 역사가 현재에 이르러 어떻게 이어지고 있는지를 통해 올바른 역사관을 갖도록 하는 것이 중요합니다. 이 책은 '전쟁 기념관' 편이므로 책을 읽기 전이나 읽은 후 전쟁기념관을 견학하면 좋겠지요.

● **함께 읽으면 좋은 책**

세상이 깜짝 놀란 우리 역사 진기록 최승필 글 | 이창우 그림 | 뜨인돌어린이

신기한 우리 역사 특종 모음집으로, 테마별로 역사를 소개하고 있습니다. 특이한 이력을 만든 임금, 기막힌 업적을 이룬 천재와 부자들의 이야기를 비롯해 일찍이 세계를 무대로 한 우리 조상들의 활약상과 그 어떤 나라들보다 뛰어났던 우리 문화유산 등을 만날 수 있습니다.

술술 넘어가는 우리 역사 시리즈 한우리역사독서연구회 글 | 해와 나무

초등학생 눈높이에 맞춘 역사서입니다. 입말체로 풀어 쓴 문장은 딱딱하고 재미없는 역사를 좀 더 쉽게 이해하도록 돕습니다.

셋째 날
생각하며 걷기

십자말풀이를 해 보세요. 정답은 이 책에 나오는 역사와 관련된 어휘들입니다.

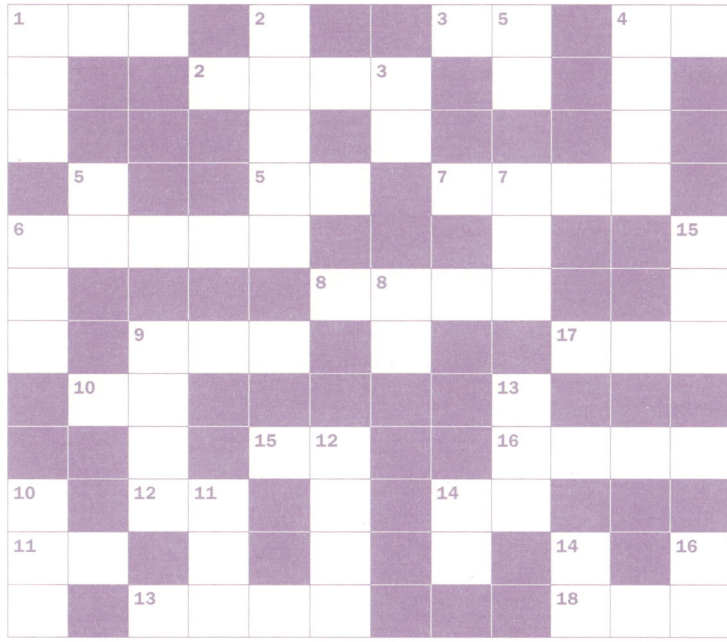

가로 열쇠

1 거란족이 고려를 침략했을 때 ○○○장군이 귀주에서 크게 승리했어요.
2 1866년에 조선이 천주교 신자들을 박해한다는 것을 구실로 프랑스가 통상을 요구하며 강화도에 침입한 사건이에요.
3 고구려, 신라, ○○는 한반도를 통일하기 위해 오랫동안 싸움을 했어요.
4 가문이나 신분 따위가 좋아 정치적·사회적 특권을 가진 계층, 또는 그런 사람을 일컫는 말로 지배계급, 특권층, 양반이라고 불리기도 했어요.
5 6.25 ○○.
6 1920년 우리나라의 김좌진이 이끄는 군과 홍범도가 이끄는 대한독립군이 일본군과 싸워 크게 승리한 전투예요.
7 수양제가 이끈 대군이 지금의 청천강에서 크게 패한 싸움이에요.
8 고구려, 신라, 백제가 통일이 되어 이 나라가 됐어요.
9 고려시대 경찰 및 전투의 임무를 수행한 부대의 명칭이에요.
10 일본에 대항한다는 뜻이에요.
11 싸울 때 쓰는 것이죠.
12 1860년 최제우가 창시한 민족 종교예요.

13 왜군의 침략으로 일어난 전쟁. 이순신 장군이 승리를 했죠.
14 이성계가 건국했어요.
15 나라가 외적의 침입으로 위급할 때 국가의 명령을 기다리지 않고 민중이 스스로의 의사에 따라 외적에 대항하여 싸우는 구국 민병을 말해요.
16 고려시대 때인 1170년부터 1270년까지 100년간 무신들이 정권을 장악했던 시기를 말해요.
17 임진왜란을 승리로 이끄는 데 큰 힘이 된 전투선이에요.
18 광개토대왕이 전성기였어요.

세로 열쇠

1 몽고의 침략으로 임금님이 이곳으로 피난을 했어요. 손돌이라는 뱃사공이 임금님과 그 일행을 태워서 건넜죠. 고려가 이곳으로 수도를 옮기기도 했어요.
2 고려 때 이 성에 있던 김윤후가 활을 쏘아 몽고 총 대장인 살리타를 죽이자 몽고군이 철수를 했죠.
3 군사적으로 중요한 곳에 튼튼하게 만들어 놓은 방어 시설 또는 그런 시설을 한 곳을 말해요.
4 고려시절 거란족이 쳐들어 왔을 때 강감찬 장군이 귀주에서 크게 승리한 싸움이에요.
5 삼별초는 몽고군에게 끝까지 대항하다가 ○○도에서 최후를 맞았어요.
6 통일신라의 장군 장보고가 해상권을 장악하고 중국·일본과 무역하던 곳.
7 고구려의 을지문덕 장군이 이 나라가 쳐들어 온 것을 지금의 청천강을 건널 때 물리쳤어요.
8 3.1 운동은 이 나라에 대항하기 위한 운동이었어요.
9 일본에 대한 우리의 독립운동이었죠.
10 이순신의 시호예요.
11 학이 날개를 편 모습과 같다고 해서 붙여진 이름이에요. 이순신 장군이 한산대첩에서 사용한 전법이죠.
12 1636년 병자년(인조 14) 12월부터 이듬해 1월에 청나라가 조선에 대한 제2차 침입으로 일어난 전쟁이에요.
13 고려시대 말에 화약과 화약 무기를 처음으로 만든 사람이에요.
14 조선시대에 사용했던 무기예요. 화승총이라고도 했어요.
15 임진왜란 때 이순신이 만들어 왜적을 쳐부순 거북 모양의 배예요.
16 왕건이 건국한 나라예요.

뛰어 넘기

1 고구려의 전성기 지도를 보고 물음에 답해 보세요.

1. 고구려, 백제, 신라가 힘을 겨루던 시기를 무슨 시대라고 하나요?

2. 고구려의 전성기를 이룬 왕은 누구인가요?

3. 광개토대왕의 업적을 이어받은 장수왕의 업적은 무엇인가요?

4. 광개토대왕릉비를 지도에서 찾아 표시해 보세요.

5. 광개토대왕릉비를 처음 발견한 일본 사람들은 비석의 내용을 어떻게 고쳤나요?

6 • 광개토대왕비 훼손 사건과 같은 일이 일어나지 않게 하려면 어떻게 해야 할까요?

② 전쟁이 무엇 때문에 일어날까요?

③ 우리나라의 힘을 기르기 위해 내가 할 일은 무엇이 있을지 생각해 보세요.

④ 전쟁이 일어날 경우 어떤 문제점이 발생하는지 생각해 보고 내 생각을 100자 이내로 써 보세요.

넷째 날

높이 날기

다음 독후활동을 해 보세요.

전쟁기념관에 견학을 가보고 책과 관련하여 느낀 점을 적거나 견학 기록문을 작성해 보세요.

이렇게 했어요!

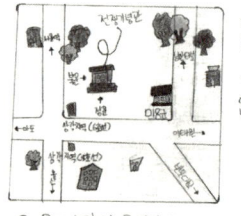

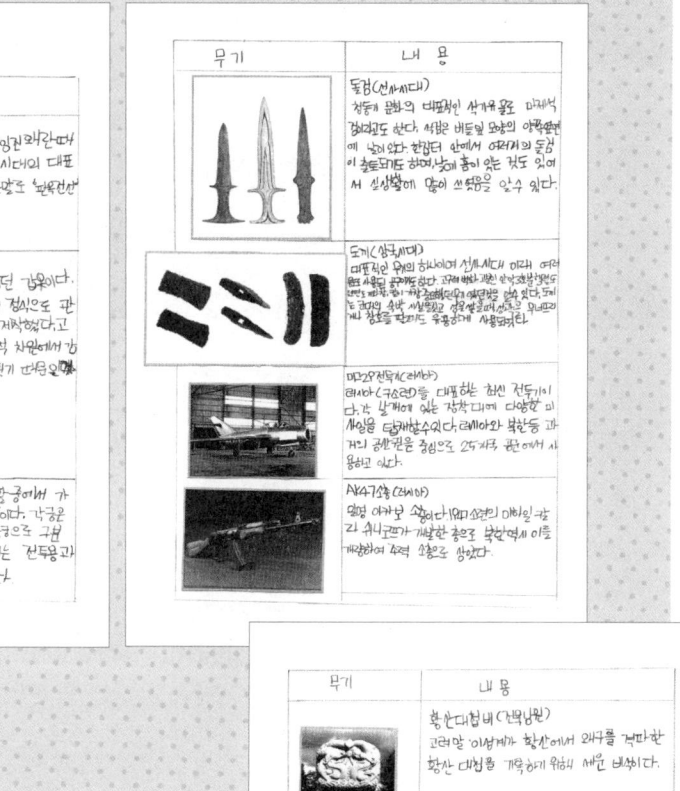

아이랑 함께 더 알아보기

전쟁기념관 찾아가기

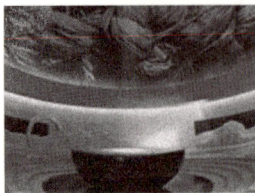
호국 추모실

전쟁 역사실

국군 발전실

전쟁기념관은 옥내전시와 옥외전시로 구분되어 있으며 전시자료는 총 9,000여 점에 이른다. 1만 9백여 평의 옥내전시실은 호국추모실, 전쟁역사실, 6.25전쟁실, 해외파병실, 국군발전실, 대형장비실 등 6개 전시실로 구성되어 있다. 여기서는 삼국시대로부터 현대까지의 각종 호국전쟁 자료와 위국 헌신한 분들의 공훈 등이 실물·디오라마·복제품·기록화·영상 등의 다양한 전시 기법에 따라 역동적이고 입체적으로 전시되어 있다. 특히 6.25전쟁실은 6.25발발의 원인과 전쟁 경과 및 휴전에 이르기까지의 전 과정을 사실적, 역사적으로 재조명하여 6.25전쟁을 올바르게 인식할 수 있도록 구성되어 있다. 옥외전시장에는 6.25전쟁 당시의 장비를 비롯, 세계 각국의 대형무기와 6.25전쟁 상징 조형물, 광개토대왕릉비, 형제의 상, 평화의 시계탑 등이 전시되어 있다.

- 기념관 주소 140-021 서울특별시 용산구 이태원로 29(용산동1가)
- 문의전화 02)709-3100
- 관람 시간 09:00~18:00(17:00까지 입장 가능)
- 정기 휴관일 매주 월요일(월요일이 포함된 연휴 때는 마지막 다음 날 휴관)
- 입장료 무료

출처 http://www.warmemo.or.kr/

독서지도
레시피
―
09

역사·환경 신문 만드는 방법을 알아볼까요?

- 풍속화로 옛 사람들의 삶 엿보기 _{옛날 사람들은 어떻게 살았을까}
- 영원한 삶 vs 유한한 삶 _{트리갭의 샘물}

창의성과 논리성을 키워 주는
신문 만들기에 도전해요

역사·환경 신문 만들기는 기본적인 신문 만들기의 방법을 안다면 어렵지 않아요. 신문 제작은 '신문 이름 정하기 - 기사거리 정하기 - 역할 분담 후 취재하기 - 취재 내용을 지면에 배치하기 - 배포하기'의 과정으로 이루어져요. 이때 취재한 내용 외에 관련 그림을 그리거나 사진을 찍어 신문 만들기에 활용할 수 있어요.

역사·환경 신문이 다른 신문과 다른 점은 기사거리의 내용이 역사나 환경에 관한 내용으로 구성된다는 점이지요. 역사 신문에 대한 기사 중 사실 전달을 위한 기사로는 각종 사건의 소개, 역사인물 탐방, 유적지 탐방, 역사 속 인물 인터뷰 기사, 특집기사 등이 가능하고 사건을 해석하는 기사로는 사설이나 칼럼, 만평, 만화 등이 가능해요. 독자를 위한 기사로는 독자 투고나 상품 광고, 행사 안내 등이, 오락 기능의 기사로는 스포츠, 여행, 십자말 풀이, 음식에 관한 정보 제공 등이 가능합니다. 이런 구분은 편의적으로 나눈 것이며 절대적인 구분은 아니므로 역사적 사실 및 유물들을 자기 나름의 시각에서 적절한 예들을 통해 신문의 형태에 맞춰 작성하면 됩니다. 서술의 시점은 역사가 과거의 일이라도 현재의 시점에서 사건을 보도하면 됩니다.

역사 신문의 경우 역사의 범위가 넓기 때문에 〈고려 신문〉, 〈삼국

시대 신문〉, 〈고구려 소식〉 등으로 내용을 제한하는 것이 좋습니다. 광고를 할 때도 신문에서 다루는 역사와 관련된 광고를 하세요. 예를 들어 조선시대에 관한 신문이라면 〈한양 광화문 앞에 있는 비단 가게〉, 〈조선 여행의 길 안내자, 대동여지도〉, 〈이제부터 목화솜으로 따뜻한 겨울을! 목화씨 광고〉 등 역사적 사실이나 유물을 선택하여 광고 형식으로 꾸며 주면 됩니다.

환경 신문에 대한 기사거리로는 환경 사설, 환경 상식, 환경 보호를 위한 광고, 환경 탐사, 환경 실험, 환경 관련 노래, 환경 관련 설문 조사, 환경 실천 우수 사례 등을 실을 수 있어요. 일간 신문이나 잡지에서 환경에 관한 기사를 스크랩할 수도 있습니다. 환경에 관한 책을 소개해도 좋겠지요. 이때 중요한 것은 신문에 들어가는 광고나 만화, 칼럼, 사설 등을 환경에 관한 내용으로 구성하는 것이에요. 예를 들어 광고를 한다면 〈공기를 정화시켜 주는 화초〉, 〈무공해로 키운 야채〉, 〈걷기 운동 행사〉 등 친환경적인 요소가 들어간 내용으로 구성하면 됩니다. 환경에 관한 책 광고를 해도 좋겠지요. 칼럼이나 사설을 쓴다면 왜 환경을 지켜야 되는지, 혹은 신문을 만들 당시의 시사적인 문제와 연결을 하여 환경의 중요성을 언급하고 실천적인 접근을 강조하는 주장을 담아 쓰면 됩니다.

환경에 관한 정보를 얻기 위해 환경관련 사이트를 참고하는 것도 좋습니다. 환경시대신문(http://www.env-news.co.kr), 내외환경신문(http://www.wge21.com), 한국사이버자연사박물관(http://kcnhm.yeungnam.ac.kr), 환경운동연합(http://www.kfem.or.kr), 국립환경연구원(http://www.nier.go.kr), 재활용전망대(http://www.sanghun82.pe.kr) 등은 환경에 대한 유용한 정보가 많으므로 환경신문을 만들 때 참고하면 도움이 됩니다.

풍속화로 옛사람들의 삶 엿보기

● **옛날 사람들은 어떻게 살았을까** 조은수 글 | 최영주 그림 | 창작과비평사

관련교과 미술
5. 2. 전체와 부분
5. 6. 수묵화와 채색화
6. 1. 상상 표현

관련교과 사회
5. 1. 3. 유교 전통이 자리 잡은 조선

학습목표
1. 풍속화를 통해 옛사람들의 생활 모습을 알 수 있다.
2. 그림 속 주인공들의 희로애락을 상상하며 그림을 감상할 수 있다.

● **독서지도 포인트**

풍속화의 소재인 옛날 사람들의 놀이, 일, 생활 등을 이야기로 풀어놓은 책이에요. 김홍도, 신윤복, 윤두서 등을 비롯한 화가들의 그림 속에서 옛날 사람들의 놀이와 구경거리, 일거리뿐만 아니라 양반과 서민의 삶을 비교해 볼 수도 있어요. 원화를 감상하는 동안 한국적인 색과 선을 느낄 수 있고, 옛사람들의 삶을 이해할 수 있는 생활사 책이라고도 볼 수 있답니다.
이야기만을 중점적으로 읽는 것이 아니라 소개된 풍속화를 충분히 감상하면서 이야기를 함께 읽도록 지도합니다. 지금의 생활과도 비교하면서 읽도록 하세요.

● **함께 읽으면 좋은 책**

사계절의 풍속화 정병모 글 | 보림

풍속화가 가장 유행했던 조선 후기 17세기에서 19세기까지의 그림을 살핀 책이에요. 기녀, 농부, 시골 서당의 훈장과 그 제자들, 씨름꾼 등과 같이 조선시대 서민의 여러 인물 군상들을 풍속화 속에서 만나 보세요.

김홍도의 풍속화로 배우는 옛사람들의 삶 최석조 글 | 아트북스

이 책은 2박 3일 동안 진행되는 '옛 그림 학교'라는 특별한 학교에 입학해 수업을 듣는 형식으로 구성되어 있어요. 하루 4교시 동안 김홍도의 풍속화를 감상합니다. 2교시를 마치면 '중간놀이' 시간을 갖고 김홍도의 풍속화에 등장한 옛 놀이를 소개합니다.

생각하며 걷기

1. 옛날 사람들의 놀이를 그린 풍속화를 보고 지금의 놀이와 어떻게 다른지 비교해 보고 내 생각을 써 보세요.

	옛날의 놀이	지금의 놀이
종류		
특징		
내 생각		

❷ 옛날 사람들의 일터를 그린 풍속화를 보고 지금의 일터와 다른 점을 비교하여 써 보세요.

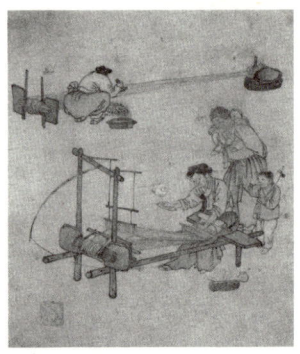

	옛날의 일	지금의 일
종류		
특징		
내 생각		

뛰어 넘기

제　　호　　　　　　　　　　　　　　　　1

발행날짜
발행인
편집자

풍속 신문

음력 5월 5일 단오 행사로 여인네들은 분주

• 사진설명

우리나라 4대 명절 중 하나인 단오에 마을마다 여러 행사가 열렸다. 이날　　　　　　　　　　　　　　　　기원하는 마음에서 단오를 지냈다. 여인네들은 시냇물에서 미역을 감기도 하고 창포를 삶은 물에 머리를 감기도 했는데, 그 이유는　　　　　　　　　　

라고 믿기 때문이다. 이날 빼놓을 수 없는 놀이가　　　　　라 마을 어귀에 매어 놓은 큰 느티나무에서 여인네들은 하루 종일 옷맵시를 뽐내며 그네를 탔다.

공연안내

- 제목
- 일시
- 장소
- 출연진

- 내용
  전국 초등학교 탈춤반 경연대회 입상작 공연

- 관람 요금
- 주최 및 후원 전통문화보존협회

제 ○ 호   2

토요일에 만난 두 사람,
신윤복과 김홍도의 대담

장안에 화제가 되고 있는 두 화가를 어렵게 한자리에 모셨습니다. '내가 그린 풍속화의 의미'라는 주제로 대담이 이루어졌습니다.

김홍도 오랜만입니다. 저는 평민들의 모습을 많이 그렸는데 신화백은 _____을 많이 그리시는 데 특별한 이유가 있나요?

신윤복 아무래도 제가 자란 환경이 _____ 때문에 _____ 모습을 볼 기회가 많았기 때문일 거예요. 김화백은 저와는 그림 풍이 많이 다른데요.

김홍도 제 그림은 선이나 색채가 _____ 때문에 신화백의 그림과는 완연히 다른 느낌이죠. 사실 지금은 은은한 수묵화가 유행인데 신화백의 그림은 _____.

신윤복 제가 좀 새로운 것에 대한 도전정신이 있어요. 그러다 보니 양반들이 숨기고 싶은 부분을 솔직하게 그려서 도화서에서 쫓겨나기도 했죠. 김화백의 그림을 보면 _____.

김홍도 그림은 감상자가 어떻게 보느냐에 따라 또 달라지는 것 같아요. 제가 생각하는 풍속화는 _____.

신윤복 그런 의미에서 저도 같은 생각이에요. 단지 그린 대상이 _____.

정리 ○○○ 기자

오늘의 만평 해설

늙은 중이 한가로이 나무그늘에서 이를 잡고 있다. 불교와 승려들을 풍자한 그림이다.

이달 말까지 농사일을 도울 일손이 필요합니다.
- _____ 1명
- _____ 1명
- _____ 1명

일을 원하시는 분은 _____ 로 연락 바랍니다.

둘째 날

높이 날기

다음 독후활동을 해 보세요.

다음 그림 중에 한 작품을 선택하여 그림에 어울리는 이야기를 상상하여 써 보세요. 이야기를 쓸 때는 '인물, 사건, 배경'을 정하고 글에 어울리는 '제목'도 붙여 보세요.

이렇게 했어요!

제목: 굿놀이 (지은이-이상원)
- 인물: 주인공 - 이름 모를 여인
  주변 인물 - 굿판 사람들
- 사건: 원인 - 집안이 답답해서 나가려고 함
  과정 - 궁리하다 굿을 하기로 함
  결과 - 굿을 함
- 배경: 공간 - 집 마당   시간 - 저녁 7~8시경

이름모를 한 여인이 있었다. 그 여인은 요즘 계속 밖에 나가보지 못하고 집안일만 하는것을 슬슬 지겨워하기 시작했다. 그녀는 이리 저리 궁리를 해보다 나름 구상을 생각해 내고서는 그녀의 남편에게 설득하기 시작했다. 그 구상이라는 것은 바로 자신의 집안에 대한 번창을 위한 굿판이었다. 남편은 그녀의 청을 마지못해 들어준뒤, 마을 이곳저곳에서 좋은 무당을 찾아다니기 시작했다. 그렇게 며칠 뒤에 그는 드디어 윤한씨에게서 좋은 무당을 소개받았고, 소식을 전해들은 여인은 기뻐하며 굿판에 대한 준비를 시작한뒤 낮잠을 잡았다. 시간이 지나고 그녀는 풍악이 울려퍼지는 그녀의 집마당에서 앉아 굿을 지켜보기 시작했다. 그녀의 답답한 마음이 조금은 풀리는것만 같았다. 눈을감고 달에게 소원을 빌었다. 자신의 집의 ___ 그렇게 여인은 굿을 끝낸 뒤에 잠자리에 돌아___

제목: 철수의 서당이야기 (지은이 이다영)
- 인물: 주인공 - 철수 (가운데서 울고있는 아이)
  주변 인물 - 훈장님, 친구들
- 사건: 원인 - 철수가 천자문을 못외웠다
  과정 - 훈장님이 한명한명 일일히 천자문시험을 봄
  결과 - 훈장님이 철수를 회초리로 때려줬다.
- 배경: 공간 - 마을서당   시간 - 봄 점심무렵

"아~함" 마을서당 친구들 모두 따뜻한 봄날씨에 잠이 푹려옵니다. 훈장님은 천자문시험을 보잤다고 우릴에게 공부하라하시곤 꾸벅꾸벅 졸고계십니다. 우리 모두 졸리지만 천자문시험에서 많이 틀리면 혼날이 뻔해 회초리를 단 것이 분명합니다. 한숨 천 따지 "위~잉" 검을 현 "위~잉" 누를 황 "위~잉" 어! 웬파리가 서당에 들어 옵니다. "야! 저거 잡자" 서당친구하나가 외칩니다. 우당탕탕! "어이씨! 왜이렇게 시끄럽냐?" 천자문 외우기는 커녕, 파리에 정신이 팔렸습니다. "너 이놈들!" 이크, 훈장님입니다. "천자문 외우라했더니 왜 떠드냐! 천자문 다외웠다 이거냐? 철수부터 나와라!" 이크, 다 외우지도 못했는데!
"철수야, 검을?" "여..여?" "하늘" "허..천" 갑자기 친구들이 모두 비웃고 훈장님은 무시하시는 표정으로 회초리를 듭니다. "철수 네 이놈! 외우지도 않고 듣기만 했더냐, 종아리 대어라!" 철썩! 철썩! "으아~아앙~" 나도 모르게 울음바다 터집니다. "하하하하 푸하하하!" 친구들이 날보고 웃고있습니다. 훈장님은 왜 저한테 이러시는지! 너무 아프게 때리시는지! "으앙~" 앞으론 천자문 열심히 외워야 겠습니다.

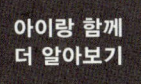

옛 놀이는 어떻게 했을까?

고누

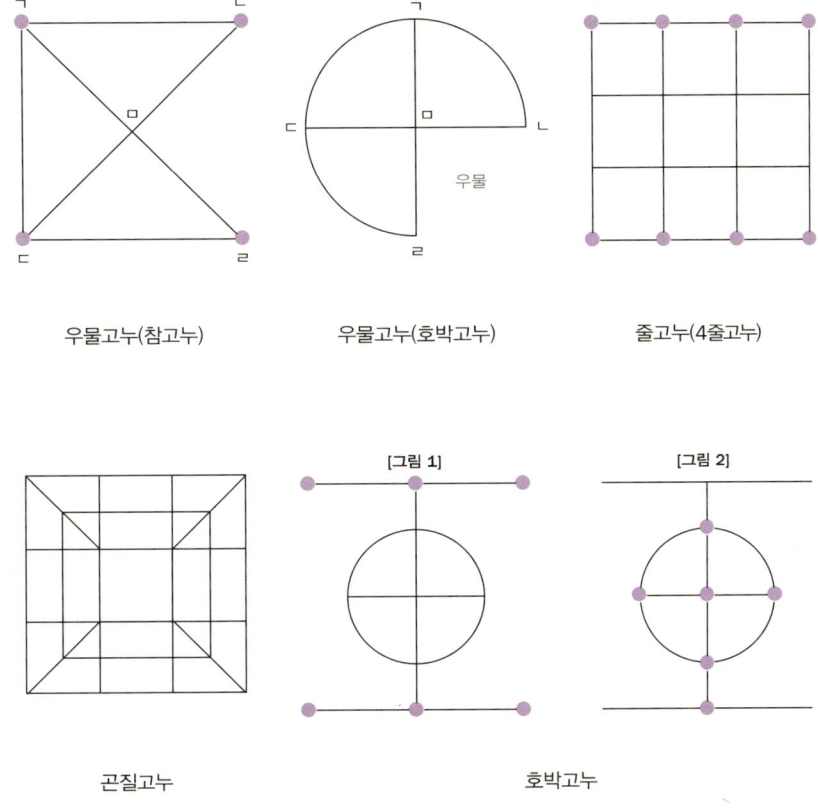

땅바닥이나 사방 30cm쯤 되는 널판에 여러 가지 모양의 판을 그리고 돌·나뭇가지·풀잎 등을 말로 삼아 승부를 결정짓는 놀이이다. 고누를 둘 때는 장기처럼 약자 선수라하여 수가 낮은 사람부터 말을 쓰며, 상대의 말을 수를 써서 포위하거나 떼어 내는 것이 일반적인 놀이 방법이다. 고누는 세계적으로 즐기는 놀이인데, 종류나 놀이 방법이 다양하다.

한국에도 지방마다 명칭과 놀이 방법이 조금씩 다르지만, 말판 형태에 따라 참고누·밭고누·우물고누·호박고누·사발고누·불알고누·곤질고누·네줄고누·짤고누·장수고누·꽃을고누 등이 있다.

호박고누는 각각 3개씩의 말을 [그림 1]과 같이 놓고 시작한다. 번갈아 가며 한 번에 한 칸씩 말을 옮겨 가는데, 처음에 자기 말이 놓인 자리에는 다시 자기 말을 놓을 수 없고, 처음의 상대방 자리에 들어간 말은 다시 되돌아 나올 수 없다. [그림 2]와 같이 상대방이 말을 더 이상 움직일 수 없게 하면 검은 말을 가진 사람이 이긴다.

투호

옛날 궁중이나 양반집에서 항아리에 화살을 던져 넣던 놀이이다. 당대(唐代)부터 의식적(儀式的)으로 손님을 접대하는 재예(才藝)로서 행하였으며, 한국에서는 고려 때부터 조선 시대까지 행하였다. 잔디밭·대청 등에 귀가 달린 청동 항아리를 놓고 여러 사람이 동·서로 편을 갈라 10걸음쯤 떨어진 곳에서 화살을 던져 항아리 속에 넣는다. 화살을 많이 넣은 편이 이기고, 무희들이 춤을 추어 흥을 돋우었다. 궁중에서 왕족들이 투호를 할 때는 임금이 상을 내리기도 하였다.

출처 두산 백과사전

영원한 삶 vs 유한한 삶

● 트리갭의 샘물 나탈리 배비트 글 | 이현주 그림 | 최순희 옮김 | 대교출판

관련교과 국어
5. 1. 1. 문학의 즐거움
5. 2. 1. 상상의 표현
6. 2. 1. 문학과 삶
6. 2. 6. 생각과 논리

학습목표
1. 영원히 사는 삶과 유한한 삶에 대해 생각해 볼 수 있다.
2. 신문 만들기를 할 수 있다.

● **독서지도 포인트**

이 책은 우연히 숲 속의 샘물을 마시고 영원한 삶을 얻게 된 터크 씨 가족을 둘러싼 이야기입니다. 우연히 트리갭의 샘물에 얽힌 비밀을 알게 된 위니에게 무슨 일이 일어날까요? 발표되자마자 풍부한 상상력과 아름다운 문장을 인정받아 미국의 초등학교와 중학교에서 필독서로 선정되어 현대 고전으로 널리 읽히고 있는 작품이에요.

이 책은 영원히 사는 삶과 유한한 삶의 가치와 의미에 대해 의문을 제기합니다. 터크 씨 가족과 위니의 선택에 대해 진지하게 이야기 나누며 유한할 수밖에 없는 삶의 가치를 찾아보세요.

● **함께 읽으면 좋은 책**

자전거 도둑 박완서 글 | 다림

전기용품 도매상의 점원인 수남이가 사람의 마음속에 도사리고 있는 부도덕성을 깨닫는 이야기인 표제작 〈자전거 도둑〉을 비롯해 총 6편의 단편동화가 실려 있습니다. 6편 모두 진정한 행복은 무엇인가에 대한 질문을 던지고, 욕심 내지 않는 삶의 소중함을 알려 줍니다.

한밤중 톰의 정원에서 필리파 피어스 글 | 김석희 옮김 | 시공주니어

1959년에 카네기 상을 수상한 판타지 문학입니다. 톰과 해티를 비롯한 등장인물들의 독특한 성격과 판타지의 세계와 현실 세계를 넘나들면서도 흐트러지지 않게 꽉 짜인 구조, 섬세하면서도 아름다운 문장 때문에 세계 어린이 문학사에서 걸작으로 손꼽히는 작품입니다.

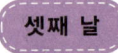

셋째 날

생각하며 걷기

1 트리갭 마을에 일어난 세 가지 사건은 무엇인가요?

2 위니와 제시가 만났을 때 나이는 각각 몇 살이었나요?

3 터크 가족의 비밀은 무엇인가요?

4 등장인물들은 서로에게 제안을 합니다. 누가 누구에게 어떤 제안을 했는지 정리해 보세요.

인물	제안 내용
	위니가 17살이 되기를 기다렸다가 트리갭의 샘물을 먹고 자신과 결혼하자는 것.
노란 옷을 입은 남자가 위니의 부모에게	
노란 옷을 입은 남자가 터크 씨 가족에게	

5 노란 옷을 입은 사나이는 무슨 속셈으로 위니네 숲을 차지하려 했나요?

6 노란옷 입은 사나이는 어떻게 죽게 되었나요?

7 매를 탈옥시키기 위해 터크 가족과 위니는 어떻게 했나요? 탈옥시키는 과정을 말해 보세요.

8 위니는 어떤 선택을 했나요? 마시면 영원히 사는 샘물을 마셨나요? 위니가 그렇게 선택한 까닭은 무엇인가요?

뛰어 넘기

1 매 터크는 위니를 억지로 데려가려는 노란 옷을 입은 남자를 죽입니다. 노란옷의 남자를 죽인 것은 정당한가요? 매 터크의 행동이 정당하다는 주장과 잘못됐다는 주장에 대해 근거를 써 보세요.

- 매 터크의 행동은 정당하다. 왜냐하면

- 매 터크의 행동은 정당하지 않다. 왜냐하면

2 터크는 노란 옷을 입은 남자가 트리갭의 샘물을 팔려고 할 때 "그 물에 대해서는 사람들이 몰라야 돼."라고 말했습니다. 위니가 영원히 사는 샘물을 마시지 않았다는 것을 알고는 "잘했어."라고 말합니다. 그렇게 말한 까닭은 무엇일까요?

3 내가 만약 위니라면 어떤 선택을 했을까요? 그렇게 선택한 까닭을 말해 보세요.

④ 내가 만약 영원한 삶을 사는 샘물을 마시는 것을 선택한다면 몇 살 때 먹고 싶은가요? 그 까닭과 함께 말해 보세요.

⑤ 영원히 사는 삶에 대해 터크 가족의 태도는 모두 다릅니다. 누구의 생각에 동의를 하나요? 그렇게 생각한 까닭을 말해 보세요.

> 삶은 움직이고, 변화하고, 자라고, 결국에는 죽어 없어짐으로써 새로 태어나는 생명들에게 자리를 내주는 것이 자연의 올바른 질서야. 영원한 삶은 무가치해.
> — 터크

> 어차피 자신에게 주어진 운명이라면 운명을 받아들이고 묵묵히 최선을 다해야 해.
> — 매

> 세상이 끝날 때까지 세상을 구경하지 않는다면 나에게 주어진 시간이 무슨 의미가 있겠어. 영원히 사는 삶을 즐기는 것이 중요해.
> — 제시

⑥ 만약 모든 사람이 영원히 살 수 있다면 어떤 점이 좋고, 어떤 점이 문제가 될까요?

넷째 날

높이 날기

다음 독후활동을 해 보세요.

이 책의 내용을 바탕으로 독서신문을 만들어 보세요.

★ **책을 읽은 후 독서신문을 만들 때는?**

- 신문의 구성에 맞게 몇 면에 어떤 내용을 실을지 정한다.
- 읽은 책의 내용을 신문에 들어가는 내용 특성에 맞게 광고, 칼럼, 기사, 만화 등으로 나눈다.
- 신문의 지면 배치를 정한 후 기사 작성을 한다.
- 기사문이면 6하 원칙에 맞게 작성하고 내용과 관련되는 사진이나 그림을 첨부한다. 만화나 광고 등도 책의 내용에서 재구성하도록 한다.
- 읽은 책을 바탕으로 독서신문을 만들 때 가장 중요한 것은 책이 전하는 주제이므로 주제와 관련된 내용을 어떻게 재구성할지 고민하여 만든다.

이렇게 했어요!

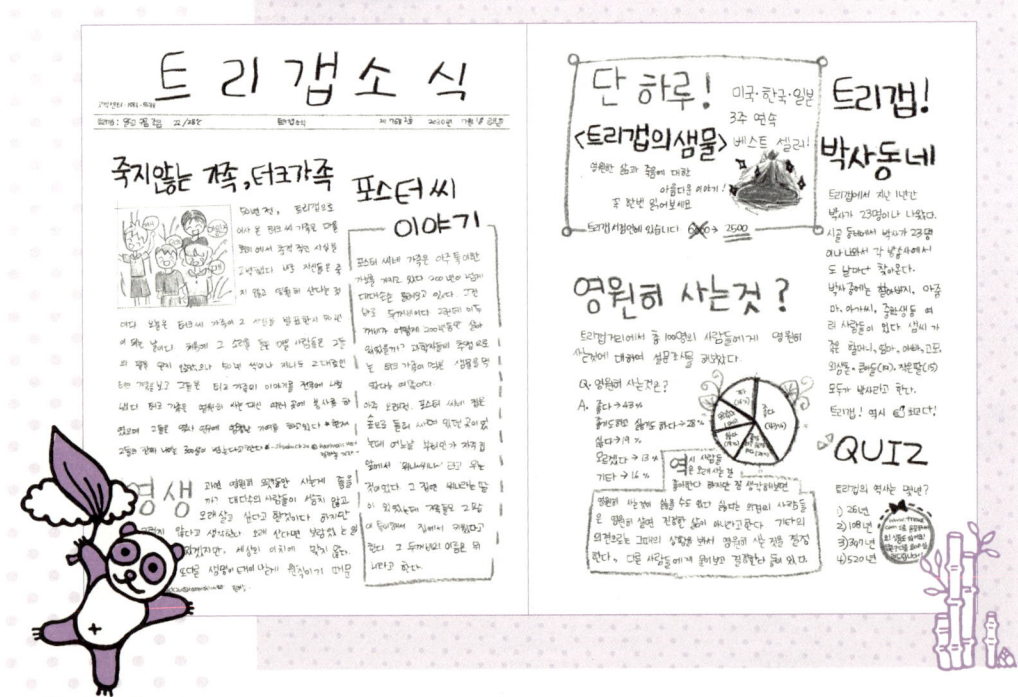

아이랑 함께 더 알아보기 — 책 읽고 토론하기

학년별 독서 토론의 수준은?

독서 수준의 단계	이야기 형식
보면서 듣기 수준	그림책 보면서 이야기하기 위주 (유아~초등 1학년 정도)
보면서 읽기 수준	
이야기 수준	책 내용으로 이야기 나누기 위주 (2, 3학년 초 정도)
생각하며 읽기 수준	책 주제를 중심으로 생각 나누기 위주 (3, 4학년 정도)
따져 읽기 수준	토의·토론 안건을 정한 후 정식 토의·토론 (초등 5학년 이상)
깊이 읽기 수준	
읽기 기본의 완성 수준	

토론 주제 선정

책의 주제나 주인공의 행동에 대한 비판과 같은 초보적인 수준에서부터 주인공이 그런 행동을 할 수밖에 없었던 시대적 상황 등에 대한 견해, 등장하는 인물의 행동, 성격, 설정한 상황 등을 통해 드러난 저자의 인생관, 작품관 등에 대한 견해 등을 제시하는 고급 수준의 주제를 선정할 수도 있다. 독서 토론은 보통 주인공의 행동에 대해서 어떻게 생각하는지를 주제로 한다.

토론하는 기본 자세

- 생각 토론 안건에 대해 찬성, 혹은 반대 등 어느 의견으로 할지 정한다.
- 정리 자신이 왜 그렇게 생각하는지 정리한다.
- 발표 자신감을 갖고 당당하게, 또박또박 말해야 한다. 자신의 의견에 대한 근거를 타당하게 말한다.
- 질문 상대방 측 의견의 이의를 제기한다. 다른 사람의 말을 주의 깊게 들어야 질문도 잘할 수 있다.
- 반격 상대방 측 질문과 이의에 알맞게 설명한다. 다른 사람의 생각에 대한 자신의 생각을 말한다.

독서지도
레시피

10

논술문 쓰기는
어떻게 할까요?

- 다시 세우는 편견 없는 교실 무너진 교실
- 전쟁 없는 세상을 위하여 무기 팔지 마세요

주장에 대한 타당한 근거를
논리적으로 서술해요

논술문이란 자신의 생각(주장)에 대해서 타당한 근거를 설정하여 설명하는 글입니다. 자신의 생각이 옳다는 것을 증명하기 위해서는 반드시 그렇게 생각하는 이유(근거)가 설득력이 있어야 해요.

논술문의 형식은 서론, 본론, 결론으로 이루어져 있어요. 서론은 도입 단계로 문제를 제기하는 단락이고, 본론은 자신의 주장에 대한 근거를 제시하는 단계입니다. 마지막으로 결론은 본론의 내용을 요약하고 마무리하는 단계라고 할 수 있어요. 이러한 각 단락의 특성에 맞게 논술문을 쓰는 방법을 구체적으로 알아봅시다.

1. 서론 쓰기

서론은 주어진 논제에 대한 분석과 이해를 바탕으로, 논의의 방향과 범위 등을 구체적으로 설정하는 단계입니다. 서론에 들어가는 내용으로는 문제 도입, 문제 제기가 적절합니다. 또한 논술자의 입장이 드러나도록 써야 해요. 서론을 쓰는 방법은 다음과 같이 여러 가지 방법이 있어요.

1. 사실 직접 진술로 시작하는 방법 : 주제와 관련된 사실을 그대로 서술하는 방법

   ……고등학생을 대상으로 한 한 설문조사에서 한자어를 제외한 외래어가 우리말 전체에서 어느 정도의 비중을 차지하는가 하는 질문에 대다수의 학생(62%)이 우리말의 30% 이상 외래어일 것이라는 답변을 하였다.

2. 구체적 사례로 시작하는 방법 : 주제와 관련된 사례를 소개하는 방법

   ……2008년 우리나라 국보 1호인 숭례문에 화재가 발생하였다. 불에 탄 국보 1호는 다시 만들 수도 없다. 이처럼 화재는 한순간의 방심으로 돌이킬 수 없는 결과를 낳게 된다.

3. 과제에 대한 간략한 소개로 시작하는 방법 : 정의와 개념, 종류 등을 소개하는 방법

   ……안락사란 편안한 죽음을 의미하는 말이다. 안락사의 종류에는 소극적 안락사와 적극적 안락사, 자의에 의한 안락사와 타의에 의한 안락사가 있다.

4. 반론을 위한 전제로 시작하는 방법 : 반론은 먼저 제시하고 이를 부정하는 방법

   ……4대강을 개발하면 수질이 개선되고 주변 환경을 더 낫게 만들 수 있다고 한다. 하지만 이것은 당장 눈앞의 이익에만 급급한 주장이다. 보다 먼 미래를 생각하면 4대강 개발은 부정적인 결과를 초래하는 것이다.

5. 인용으로 시작하는 방법 : 주제와 관련된 속담, 명언 등으로 시작하는 방법

……'티끌모아 태산'이라는 말이 있다. 이는 성실하게 꾸준히 노력하면 큰일을 이룰 수 있다는 의미이다.

6. 비유로 시작하는 방법 : 주제와 관련된 비유로 시작하는 방법

……다이아몬드와 숯은 둘 다 탄소로 이루어진 물질이다. 하지만 탄소가 결정체를 이루는 방법에 따라 각기 다른 물질이 된다. 사회 공동체도 마찬가지이다. 각 구성원이 얼마나 잘 결합하느냐에 따라 그 사회는 다이아몬드가 될 수도 있고 숯이 될 수도 있다.

7. 일반론으로 시작하는 방법 : 누구나 일반적으로 알고 있는 사실을 서술하는 방법

……요즘은 겨울이나 여름이나 지구촌 곳곳에 이상기후가 발생하여 많은 문제를 낳고 있다.

2. 본론 쓰기

본론은 서론에서 제시한 문제에 대해 자신의 주장이나 의견을 밝히고 근거를 제시하는 단락입니다. 본론은 논술문의 핵심으로서 글의 중심을 이루게 됩니다. 본론의 분량은 전체 글의 3/5 정도가 적당하며 본론의 각 문단의 분량도 적절하게 고려해야 해요. 본론에서는

무엇보다도 타당한 근거를 제시하여 자신의 주장에 대한 설득력을 갖추는 것이 가장 중요하며, 또한 서론과 결론과의 밀접한 관계를 유지하면서 일관성 있게 논리를 전개하는 것도 잊지 말아야 합니다. 본론을 전개하는 방법은 다음과 같아요.

1 열거형 첫째, 둘째, 셋째…… 로 중심문장을 제시하는 방법
2 원인 대책형 문제의 원인을 서술하고 해결방안을 제시하는 방법
3 비교 분석형 대상의 장점과 단점을 비교하여 분석하는 방법
4 반론 제시형 상대편의 반론을 먼저 제시한 후 반론 꺾기를 서술하는 방법

3. 결론 쓰기

결론은 본론에서 전개한 내용을 요약, 정리하고 자신의 주장을 다시 한 번 강조하는 역할을 합니다. 그 외에도 자연스럽고 강한 인상을 주는 마무리를 하기 위해서 논제와 자신의 주장과 관련된 앞으로의 전망이나 제안으로 끝맺음을 해주는 것이 좋아요.

4. 논술문 쓰기의 유의점

논술에서 흔히 쓰는 상투적인 표현은 삼가야 해요. 예를 들면 '지

금부터 ~에 대해서 살펴보자', '~에 대해서 서술하고자 한다' 식의 상투적인 표현은 글의 참신성을 떨어뜨리므로 쓰지 않는 것이 좋습니다. 논술문은 간결하고 명확한 표현을 쓰는 것이 좋아요. '하지 않을 수가 없다'(이중부정)이나 '~ 하는 것 같다', '~라고 생각한다(된다)' 식의 자신감 없는 표현도 좋지 않아요. 또한 비유법을 사용할 때는 적절한 비유인지 과장되거나 필요하지 않은 비유인지 심사숙고하여 사용하여야 합니다. 문장은 짧고 분명한 것이 좋으며 지나친 꾸밈말은 피하세요. 문장의 길이는 50자를 넘지 않는 것이 좋고, 원고지로 두 줄 이상 넘지 않도록 해야 합니다.

다시 세우는 편견 없는 교실

● **무너진 교실** 사이토 에미 글 | 오승민 그림 | 고향옥 옮김 | 아이세움

관련교과 국어
5. 1. 4. 주고받는 마음
5. 2. 5. 우리가 사는 세상
6. 2. 3. 문제와 해결

학습목표
1. 자신의 생각을 솔직하게 표현하는 것의 중요성을 알 수 있다.
2. 편견 없이 다른 사람들의 모습을 받아들여야 한다는 것을 이해한다.

● **독서지도 포인트**

교실 안에서 선생님의 차별과 왕따 사건을 겪으며 아이들이 서로의 속마음을 알고, 참된 우정이 무엇인지 확인하며 성장하는 과정을 그린 동화입니다. 늘 자신감 있고 선생님의 사랑을 받는 하루히와 그런 하루히를 좋아하지만 질투하는 내성적인 미즈키, 그리고 하루히를 싫어하는 반 아이들이 서로 미움과 오해를 풀어 가는 과정을 담담하게 그리고 있어요.

우리 주변에서도 흔히 일어날 수 있는 질투와 편견, 오해로 인한 따돌림 문제를 다루고 있으므로 책을 읽으며 공감할 수 있는 부분이 많을 거예요. 자신의 경험을 함께 나누며 토의를 한다면 더 깊이 있는 독서를 할 수 있습니다.

● **함께 읽으면 좋은 책**

나와 조금 다를 뿐이야 이금이 글 | 푸른책들

장애의 문제를 '차별'이 아닌 '차이'로 이해해야 함을 알려 주는 이야기입니다. 나도 남과는 다른 점을 가지고 있듯이 다른 사람도 나와 다를 수 있다는 것을 쉽게 이해할 수 있습니다.

그냥 갈까, 아니 아니 손잡고 가자 이미애 글 | 푸른책들

부모님의 이혼으로 마음의 상처를 입은 단아가 시골에서 생활하면서 아픔을 극복해 나가는 이야기입니다. 단아는 부모로부터 버림받았다는 상처로 새엄마와 동생을 받아들이지 못합니다. 단아가 어떻게 이 상처를 극복하고 성장해 나가는지 따뜻한 시선으로 바라보게 합니다.

첫째 날
생각하며 걷기

1 빈칸을 채우며 줄거리를 요약해 보세요.

	미즈코는 하루히와 단짝이지만 둘의 성격은 많이 다르다. 미즈키 부모님은 어른들 앞에서도 말 잘하고 씩씩한 하루히를 좋아한다.
선생님	선생님 생일 선물을 살 때도 하루히는 자기 맘대로 결정한다. 선생님은 하루히만 쳐다보고 고맙다고 하고 미즈키에게는 눈길을 별로 안 준다.
반에서 일어난 일들	
외톨이가 된 하루히	아이들은 선생님이 하루히만 편애한다고 생각해 하루히를 따돌리기 시작한다. 미즈키는 자기도 따돌림 당할 것 같은 마음에 아이들과 같이 하루히를 따돌린다.
학급 회의	

2 하루히가 곤경에 처했을 때 미즈키는 어떻게 행동했는지 까닭과 함께 말해 보세요.

처음에는

왜냐하면

나중에는

왜냐하면

3. 다음 상황에서 하루히와 아이들의 생각이 어떻게 달랐는지 말해 보고 이에 대한 내 생각을 써 보세요.

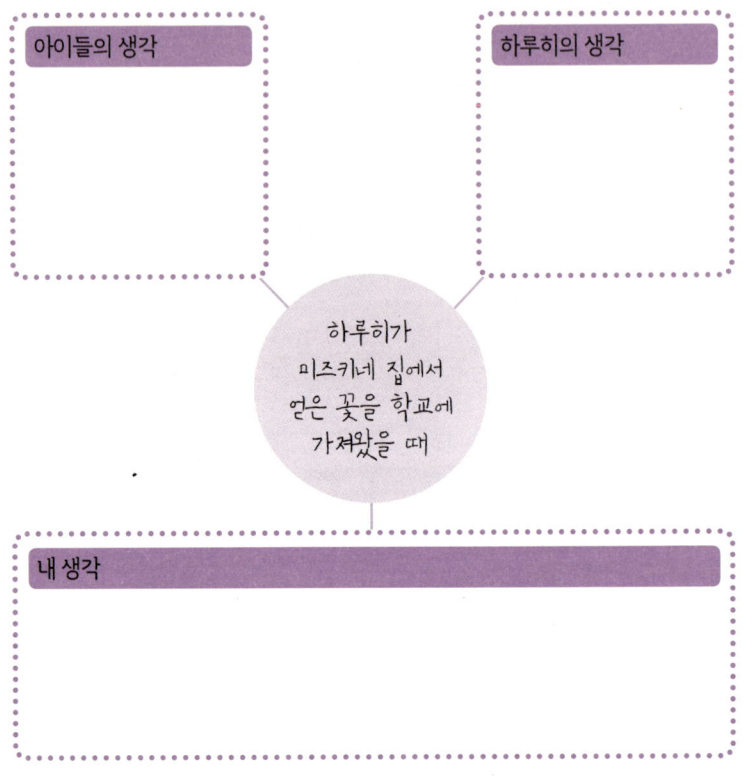

4. 교코 삼총사가 하루히를 화장실에 가둔 까닭은 무엇인가요?

5. 미즈키네 반 아이들이 담임선생님을 싫어한 까닭은 무엇인가요?

뛰어 넘기

다음 자료를 읽고 왕따 문제를 해결할 수 있는 방법을 생각해 보세요.

지난 1년간 한 번 이상 피해······ 42.3%는 자살 생각까지도

중학교 1학년 A(14)양은 급우들로부터 '왕따(집단 따돌림)'를 당했다. 친구들은 이유 없이 A양을 무시하거나 차갑게 대했다. 쉬는 시간은 물론 점심시간에도 홀로 식사를 해야 했다. 친구들의 따돌림에 가만히 있어도 눈물이 나고, 자살하고 싶은 적도 있다. 이같이 청소년 10명 가운데 5명 정도가 지난 1년간 학교 폭력을 한 번 이상 경험한 것으로 나타났다. 폭력에 시달린 경험이 많을수록 극단적인 생각을 더 많이 하는 것으로 조사됐다.

또 '왕따 타살'

같은 반 친구들의 괴롭힘을 견디지 못한 중학생이 스스로 목숨을 끊었다. 지난 12월 20일 오전 9시께 대구 수성구의 한 아파트 화단에서 이 아파트 7층에 사는 중학교 2학년 김아무개(14)군이 숨져 있는 것을 경비원이 발견해 경찰에 신고했다. 김군 집 거실에서 발견된 유서에는 '지난 3월부터 같은 반 친구 두 명이 학교에서도 괴롭히고, 집에까지 찾아와 때리고 공부를 하지 못하도록 했으며, 심지어 돈도 빼앗아 갔다'는 내용이 적혀 있었다.

왕따 당할 만한 사람은 없다

왕따는 한사람을 집단이 괴롭히는 게 특징이다. 그런데 왕따 당하는 사람의 특징이나 별다른 이유는 없다. 그냥 희생양을 만들

어 배척하면서 자신들만의 소속감을 다지려는 것이다. 희생양인 왕따에게 '넌 뭔가 잘못이 있어. 넌 우리와 달라.'라고 생각하면서 죄책감도 이유도 없이 괴롭힌다.

왕따를 당하는 사람은 자신에게서 뭔가 원인을 찾게 된다. 세상은 공평하다고 믿고 싶기 때문이다. 세상이 불공평하면 살아가기가 너무 불안하고 자신에게도 그런 피해가 올 거라 생각하기 때문이다. 그래서인지 대학생들을 대상으로 조사한 결과에서 70% 넘는 학생이 중고등 학생 시절, 자신이 왕따를 당해 본 경험이 있다고 답했다.

우리는 남의 권리를 침해하지 않는 한, '나'의 방식으로 생존할 권리가 있다. 내가 작거나 뚱뚱하거나, 머리가 나쁘거나, 내성적이거나, 장애가 있거나, 가난하더라도 그런 조건들이 폭력의 이유가 되는 것을 방치해서는 안 된다. 세상에 폭력을 당해도 되는 사람은 아무도 없다.

1 왕따를 당하는 사람들은 어떤 피해를 입을까요?

2 왕따를 당하는 원인에는 어떤 것들이 있는지 주변에서 경험한 일들을 바탕으로 생각해 보세요.

③ 다른 사람을 왕따시키는 것이 옳지 않은 까닭을 설명해 보세요.

④ 3번에서 이야기한 내용을 바탕으로 왕따로 인해 무너진 교실을 우리가 꿈꾸는 교실로 만들 수 있는 방법을 정리해 보세요.

1.
2.
3.
4.
5.

둘째 날

높이 날기

다음 독후활동을 해 보세요.

등장인물 중에서 한 명을 선택해 내 마음을 담아 편지를 써 보세요.

★ **등장인물에게 편지를 쓸 때는?**
- 등장인물 중 어떤 인물에게 쓰고 싶은지 정한다.
- 그 인물에게 내가 하고 싶은 말은 무엇인지 정리한다.
- 상대방이 실제 인물이라 생각하고 편지를 쓴다.

이렇게 했어요!

왕따 없는 교실을 만들자

강지훈

왕따란 집단 따돌림을 말한다. 흔히 한 반의 아이들이 어떤 아이 하나를 집단으로 따돌리면서 말을 잘 안하거나 심하면 때리고 괴롭히기까지 하는 일이다.

이렇게 왕따를 하면 당하는 아이는 학교에 오기도 싫고 죽고 싶을 것이다. 이유도 없이 맞아야하고 자신이 왜 따돌림을 당하는 지도 모르고 혼자서 밥 먹고 혼자서 있어야 하니까 실제로 자살을 하는 아이까지 생기고 있다. 이런 왕따는 반드시 학교에서 없어져야 한다.

왕따를 시키는 이유는 여러 가지가 있다고 한다. 뚱뚱하거나 공부를 못하거나 말을 잘 못하거나 하는 것도 이유가 되지만 잘난 척 하거나 공부를 너무 잘해서 선생님이 심하게 이뻐하는 것도 왕따의 이유가 된다. 하지만 이런 이유들은 전부 말이 안 되는 이유이다. 뚱뚱하거나 말을 잘 못하는 것은 본인의 잘 못이 아니다. 공부를 잘하거나 못하는 것도 친구들이 괴롭힐 수 있는 이유가 되는 것은 아니다. 공부를 못해서 괴로운 것은 본인이 가장 괴로울 것이고, 공부를 잘하는 것은 본인이 노력해서 얻은 결과인데 그런 걸 이유로 '난 네가 싫어'하는 것은 말이 안 된다.

왕따를 없애려면 서로 이해하는 마음이 필요하다. 넌 뚱뚱해서 힘들겠구나, 넌 공부를 못해서 괴롭겠구나, 넌 공부를 잘해서 부러워, 넌 말을 잘 못하니 답답하겠구나, 선생님이 널 이뻐하시니 넌 학교 오는 것이 즐겁겠구나... 하는 마음으로 친구의 장점과 단점을 이해하고 개성으로 받아들이면 아무 문제가 없을 것이다. 지구상에는 60억이 넘는 사람들이 살아가고 있고 그 중에 같은 사람은 아무도 없다. 다 다르고 다 다르기 때문에 서로 이해하지 않는다면 서로 '쟤는 왜 저래'하는 마음으로 친하게 지낼 수가 없을 것이다.

또 왕따를 없애려면 내가 누구보다 잘났으니까 나보다 못한 친구를 무시하면 안 되고, 나보다 잘난 친구를 질투해서 미워하는 마음을 품으면 안 된다. 나보다 공부를 못하거나 운동을 못한다고 그 친구가 나보다 떨어지는 친구는 아니다. 그 친구도 나보다 더 잘하는 것이 있을 수 있고 나처럼 존중받아야 하는 인간이기 때문이다. 또 나보다 잘난 아이를 왕따하는 이유는 대부분 시기심이나 질투심 때문에 그 아이를 미워하기 때문이다. 잘나고 똑똑한 친구는 내가 배울 점이 많고 공부를 잘하는 이유가 있을 것이다. 그러므로 그런 점을 존중해줘야 한다.

이처럼 친구를 이해하고 존중하는 마음을 가진다면 우리 교실에는 왕따가 없을 것이다. 왕따로 자살하는 아이들도 없어질 것이다.

| 아이랑 함께 더 알아보기 | **집단 따돌림에 대처하기** |

정의

한국 청소년개발원은 '집단 따돌림'을 "학교에서 다수의 학생들이 특정 학생을 대상으로 2주 이상의 기간에 걸쳐 심리·언어적 폭력, 금품 갈취 및 괴롭힘과 신체에 위해를 가하는 행위"라고 정의했다. 이러한 집단 따돌림은 소위 왕따라고 불리는 특정 학생이 주변의 힘센 다수의 학생에게 일방적으로 상해를 당하는 병리적 현상이 반복적이고 지속적으로 일어나는 경우를 지칭한다.

따돌림의 양상

- 신체적 괴롭힘 주먹질하기, 발로 차기, 침 뱉기, 지우개 던지기, 연필이나 볼펜으로 찌르기, 무릎 꿇게 하기, 돌아가면서 때리기, 옷에 낙서하기, 옷 찢기, 피해학생의 물건이나 신체를 툭툭 건드리거나 치고 지나가기
- 언어적 괴롭힘 욕하기, 싫어하는 별명 부르거나 말로 놀리기, 빈정거리기, 면박이나 핀잔 주기, 휴대폰 문자로 욕이나 비난하기,
- 간접적 괴롭힘 나쁜 소문내기, 눈 흘기기, 째려보기, 빙 둘러서 다니기, 위협적인 몸짓하기, 도시락 같이 안 먹기, 같이 놀지 않기, 물건 감추기, 전혀 말을 걸지 않거나 상대하지 않기, 사사건건 시비를 걸고 약을 올리기, 물어봐도 대답하지 않고 쳐다보지도 않기, 과잉 친절로 불안하게 하기

원인

따돌림은 피해자 및 가해자의 심리적 요인과 가장 밀접하게 관련되어 있지만, 우리나라에서 특히 따돌림의 정도가 심한 이유는 사회·환경적인 측면에서 찾아볼 수 있다. 즉, 우리나라의 처벌 위주의 양육태도를 가진 가정환경과 통제 위주의 학교환경은 집단 따돌림을 일으키기 쉽다.

예방법

- 학교 상담부 활동을 다각적으로 활성화한다(각 학급에 대한 설문 조사, 인성교육 및 상담프로그램의 실시 등).

- 또래상담원을 구성하여 학생 간의 문제를 해결할 수 있도록 한다.
- 학교 상담실이 학생들의 안식처와 피난처가 될 수 있도록 만들며, 학생들의 비밀을 보장한다.
- 학급회의 시간에 집단 따돌림에 대한 토의를 실시하여 학생들 스스로가 집단 따돌림이 잘못된 행동임을 깨달을 수 있도록 한다.
- 교사가 학생에 대해 편견을 갖고 있는지를 확인하고, 편견을 갖고 있다면 이를 시정하도록 한다.

출처 국가건강정보 포털

전쟁 없는 세상을 위하여

● 무기 팔지 마세요 위기철 글 | 이희재 그림 | 청년사

관련교과 국어
5. 1. 3. 생각과 판단
5. 1. 6. 깊이 있는 생각
6. 2. 6. 생각과 논리

학습목표
1. 무기와 전쟁의 위험성에 대해 알 수 있다.
2. 아이들의 주장과 근거를 파악할 수 있다.

● **독서지도 포인트**

우리는 누구나 평화를 꿈꾸지만 현실에서는 총기 사건은 나날이 많아지고, 아이들은 TV와 게임 속 어디에서나 총을 볼 수 있습니다. 보미는 반 아이가 쏜 비비탄을 얼굴에 맞고 항의를 하게 됩니다. 결국은 '평화 모임'을 만들게 되고, 반대하던 남자 아이들과 여러 친구들이 함께 홈페이지까지 만들게 됩니다. 미국에 살고 있는 제니도 보미처럼 전쟁과 무기에 반대하는 모임을 만들고 실천에 옮기게 되지요.

이 책은 단순히 전쟁과 폭력을 반대한다는 공허한 외침이 아니라 그 말을 실현하기 위해서는 행동해야 한다고 말합니다. 책 속 아이들의 주장과 근거를 잘 파악하며 읽도록 지도하세요.

● **함께 읽으면 좋은 책**

아홉 살 인생 위기철 글 | 청년사

우리 주인공 꼬마는 인생이 아홉 살부터 시작된다고 생각합니다. 때론 힘들고 지치지만 가슴 따뜻한 삶의 이야기를 통해 인생의 시작과 끝은 알 수 없음을 말하고 있습니다.

전쟁과 평화 두 얼굴의 역사 실비 보시에 글 | 장석훈 옮김 | 푸른숲주니어

어린이들에게 역사를 통해 전쟁과 평화의 양면을 생각해 보도록 한 책입니다. 전쟁의 참모습과 문제점을 날카롭게 보여 주고 있으며, 부록에서는 지구상에서 벌어지고 있는 전쟁 이야기와 우리의 현실 문제를 보여 줍니다.

셋째 날
생각하며 걷기

1 보미가 경민이에게 화가 난 이유는 무엇인가요?

2 야구공과 총은 어떻게 다른가요? 민경이의 대답을 정리해 보고 자신의 생각도 말해 보세요.

3 민경이와 보미가 붙인 벽보의 내용에서 주장과 근거를 찾아 정리해 보세요.

- 주장
- 근거   1

  2

4 평화 모임의 홈페이지는 어떻게 만들어지게 되었나요?

5 제니의 연설에서 주장과 근거를 찾아 정리해 보세요.

- 주장

- 근거

6 '막내 염소들의 모임'이 벌인 두 가지 운동은 무엇이었나요? 그 운동의 목적과 방법을 말해 보세요.

뛰어 넘기

다음 글을 읽고 물음에 답해 보세요.

(가) 서울 핵안보정상회의

'2012 서울 핵안보정상회의'가 다음 달 26일부터 이틀간 서울 코엑스(강남구 삼성동)에서 열립니다. 이번 회의엔 전 세계 53개국과 유엔(UN) 등 4개 국제기구의 정상급 인사 50여 명이 참석하는데요. 핵안보정상회의는 각국 정상이 모여 핵안보의 중요성과 협력 방안을 논의하는 자리입니다.

핵안보정상회의 준비기획단에 따르면 올해 회의에선 △핵테러 대응을 위한 국제적협력 방안 △핵물질의 불법거래 방지 △핵물질, 원전 등 핵 관련 시설의 안전한 관리 등이 주요 의제로 다뤄진다고 합니다. 각국 정상들은 선언적 성격이 강했던 지난 워싱턴 회의 때의 합의 사항들을 실천적인 내용으로 바꾸는 데 노력한다는 방침이에요. 이번 회의를 위해 각국 대표들은 3차에 걸쳐 사전 회의를 가지기도 했습니다. 회의 결과는 마지막 날인 27일 최종 선언문 '서울 코뮤니케'를 통해 발표됩니다.

출처 소년조선일보. 2012년 2월 23일

(나) 어린이 병사 모집 금지

지난 12일 유엔 안전보장이사회(이하 '유엔안보리')가 어린이 병사 모집 금지 결의안을 만장일치로 채택했다. 유엔안보리는 "무력이 충돌하는 상황에서 어린이들의 인권을 침해하고 학대하는 세력에 대해 관련 국가들이 단호하고 즉각적으로 조처(措處: 제기된 문제를 잘 정돈해 처리함)해야 한다"며 "어린이 병사 모집과 이용,

성폭행 등 성범죄, 학교와 병원에 대한 공격 등은 국제법에 따라 금지한다"는 뜻을 분명히 밝혔다. 어린이 병사는 말 그대로 각종 전쟁과 내전(內戰: 한 나라 안에서 일어나는 전쟁)에 병사로 참여하는 미성년자를 뜻한다. 지난 2007년 유엔 보고서에 따르면 아프리카와 아시아, 중동 등 분쟁이 끊이지 않는 10여 개 지역에서 최소 25만 명의 어린이가 전쟁에 동원되고 있다.

전쟁에 어린이가 동원되는 이유는 여러 가지다. 우선 충분한 성인 병사를 확보하지 못한 무장 정치 단체가 비용이 비교적 적게 드는 어린이 병사를 선호한다. 잦은 전쟁으로 부모를 잃거나 생활이 어려워진 어린이들이 가난에 시달리다가, 혹은 교육받을 기회를 얻지 못해 전쟁터로 내몰리는 경우도 적지 않다. 어린이 병사는 전쟁터에서 직접 무기를 들고 싸움에 참여하기도 하지만 지뢰나 폭발물 설치, 염탐(廉探: 몰래 남의 사정을 살피고 조사함), 짐 나르기, 요리, 청소 등의 업무에도 활용된다.

출처 소년조선일보. 2011년 7월 17일

1. 제시문 (가)를 읽고 각국의 정상들이 핵안보정상회의를 개최하는 이유는 무엇인지 말해 보세요.

❷ 제시문 (나)를 읽고 어린아이들이 전쟁에 병사로 나가서 목숨을 잃는 까닭은 무엇인지 설명해 보세요.

❸ 제시문 (나)를 읽고 유엔안전보장 이사회가 어린 병사들을 보호하려는 까닭은 무엇인지 생각해 보세요.

❹ 제시문 (가)와 (나)처럼 전쟁으로 인한 피해를 줄이고 전쟁을 막으려는 노력이 계속되는데도 지구상에서 전쟁이 끊이지 않는 까닭은 무엇일까요?

넷째 날 — 높이 날기

다음 활동 중에 한 가지를 선택하여 독후활동을 해 보세요.

1. '무기 팔지 마세요.'라는 주제로 논술문을 써 보세요.

★ 개요표
- 주장: 무기 팔지 마세요
- 서론: 책 내용을 인용하면서 문제 도입, 문제 제기
- 본론: 1) 전쟁으로 인한 피해
  2) 전쟁을 막기 위한 우리의 노력
- 결론: 전쟁 없는 평화로운 세상을 만들기 위한 다짐

❷ '평화모임'이나 보미에게 보낼 메일을 써 보세요.

★ **메일을 쓸 때는?**

- 메일을 보내게 된 동기를 쓴다.
- 책을 읽고 느낀 점을 쓴다.
- 전쟁과 무기에 관한 자신의 생각을 정리하여 쓴다.

이렇게 했어요!

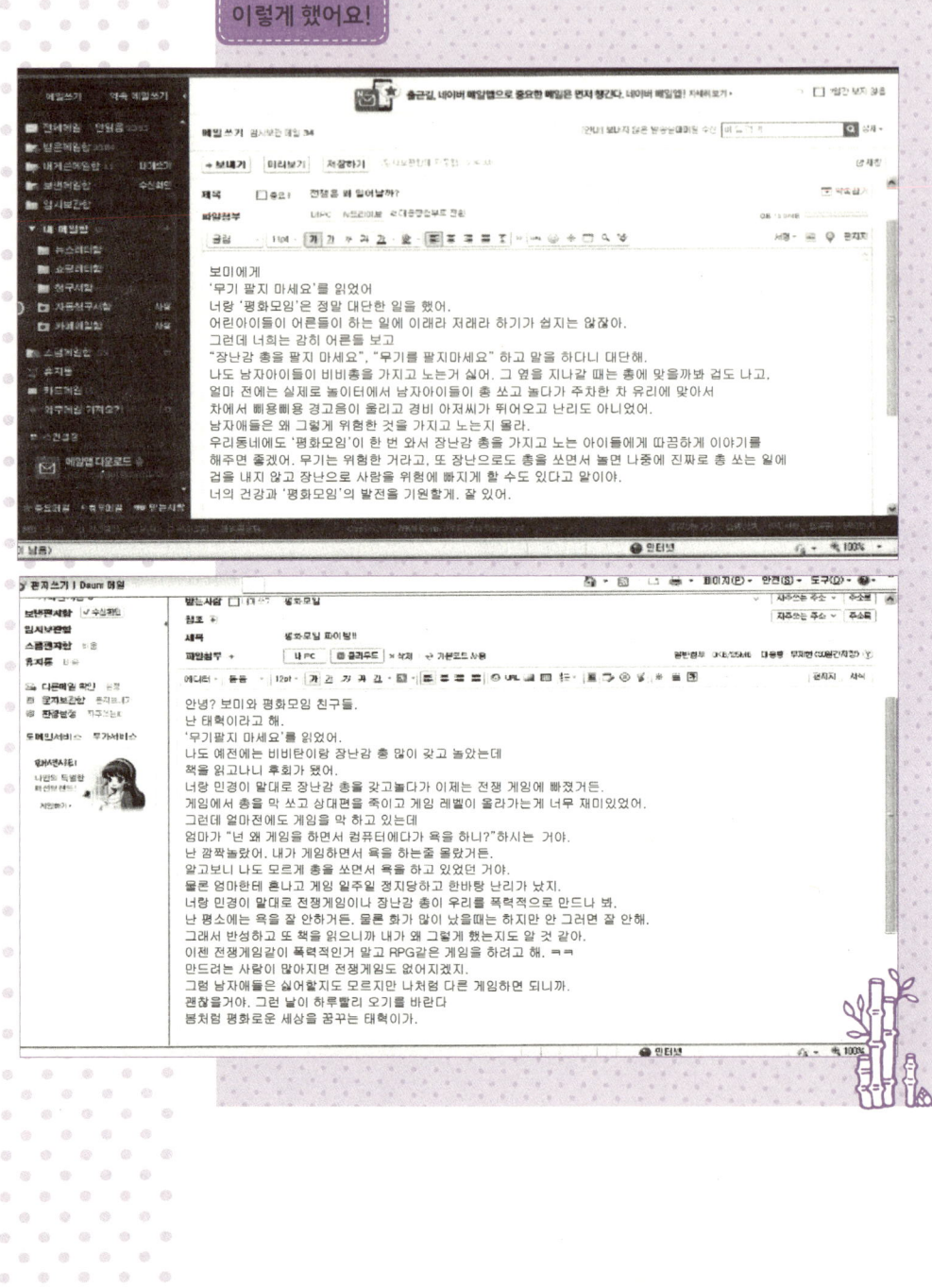

보미에게
'무기 팔지 마세요'를 읽었어
너랑 '평화모임'은 정말 대단한 일을 했어.
어린아이들이 어른들이 하는 일에 이래라 저래라 하기가 쉽지는 않잖아.
그런데 너희는 감히 어른을 보고
"장난감 총을 팔지 마세요", "무기를 팔지마세요" 하고 말을 하다니 대단해.
나도 남자아이들이 비비탄을 가지고 노는거 싫어. 그 옆을 지나갈 때는 총에 맞을까봐 겁도 나고,
얼마 전에는 실제로 놀이터에서 남자아이들이 총 쏘고 놀다가 주차한 차 유리에 맞아서
차에서 삐용삐용 경고음이 울리고 경비 아저씨가 뛰어오고 난리도 아니었어.
남자애들은 왜 그렇게 위험한 것을 가지고 노는지 몰라.
우리동네에도 '평화모임'이 한 번 와서 장난감 총을 가지고 노는 아이들에게 따끔하게 이야기를
해주면 좋겠어. 무기는 위험한 거라고, 또 장난으로도 총을 쏘면서 놀면 나중에 진짜로 총 쏘는 일에
겁을 내지 않고 장난으로 사람을 위험에 빠지게 할 수도 있다고 말이야.
너의 건강과 '평화모임'의 발전을 기원할게. 잘 있어.

안녕? 보미와 평화모임 친구들.
난 태혁이라고 해.
'무기팔지 마세요'를 읽었어.
나도 예전에는 비비탄이랑 장난감 총 많이 갖고 놀았는데
책을 읽고나니 후회가 됐어.
너랑 민경이 말대로 장난감 총을 갖고놀다가 이제는 전쟁 게임에 빠졌거든.
게임에서 총을 막 쏘고 상대편을 죽이고 게임 레벨이 올라가는게 너무 재미있었어.
그런데 얼마전에도 게임을 막 하고 있는데
엄마가 "넌 왜 게임을 하면서 컴퓨터에다가 욕을 하니?"하시는 거야.
난 깜짝놀랐어. 내가 게임하면서 욕을 하는줄 몰랐거든.
알고보니 나도 모르게 총을 쏘면서 욕을 하고 있었던 거야.
물론 엄마한테 혼나고 게임 일주일 정지당하고 한바탕 난리가 났지.
너랑 민경이 말대로 전쟁게임이나 장난감 총이 우리를 폭력적으로 만드나 봐.
난 평소에는 욕을 잘 안하거든. 물론 화가 많이 났을때는 하지만 안 그러면 잘 안해.
그래서 반성하고 또 책을 읽으니까 내가 왜 그렇게 했는지도 알 것 같아.
이젠 전쟁게임같이 폭력적인거 말고 RPG같은 게임을 하려고 해. ㅋㅋ
만드려는 사람이 많아지면 전쟁게임도 없어지겠지.
그럼 남자애들은 싫어할지도 모르지만 나처럼 다른 게임하면 되니까.
괜찮을거야. 그런 날이 하루빨리 오기를 바란다.
봄처럼 평화로운 세상을 꿈꾸는 태혁이가.

> 아이랑 함께 더 알아보기

미국 학교 총기 사고, 왜 끊이지 않나?

3억 정 총기, 가정과 비즈니스 등에 보관

미국 오하이오의 한 고등학교에서 27일(현지시간) 한 학생이 총기를 발사해 한 명이 숨지고 네 명이 중경상을 입는 사고가 발생함에 따라 대책 마련이 시급하다는 목소리가 높아지고 있지만 실제 대책은 불분명하다는 지적이 일고 있다.

가장 큰 이유는 총기 소지가 허용되는 미국에서 어린 자녀들의 손에서 총기를 완전히 떼어 놓을 수 없는 궁극적인 방안이 없다는 데 있다. 미국에는 약 3억 정의 총기가 일반 가정과 비즈니스 등에 보관되어 있고, 결국은 어린 자녀들이 이를 이용할 수 있는 위험이 상존한다는 지적이다. 또한 총기를 가방 등에 숨기고 학교에 반입하면 절대 미리 파악할 수 없는 현실적인 보안 문제가 있다. 총기 사고가 빈번하게 일어나면서 일선 고등학교에는 무장 경찰을 배치하는 등 사고 방지에 나섰지만, 결국은 사고가 터진 후에 수습할 수밖에 없다. 그렇다고 학교 현관에 금속 탐지기를 설치해 출입하는 모든 학생들의 몸수색을 할 수도 없다.

지난 1999년 콜로라도주 콜럼바인 고등학교에서 일어난 총격 사고로 13명의 학생과 교사가 숨지자 미국 대부분의 고등학교에서는 무장 경찰을 적어도 한 명씩 배치하고 사고 재발에 나섰지만, 학교에서의 총기 사고는 막지 못하고 있다. 수년 전 33명의 인명이 희생당한 버지니아 공과대학 사고 이후 학교 측은 갖가지 보안 대책을 시행해 미국에서 가장 안전한 학교가 됐다고 자평했지만, 결국 지난해 교내 총기 사고로 2명이 사상당하는 사고가 또 발생하기도 했다.

이에 따라 학교에 자녀를 보내는 학부모들의 근심은 날로 높아 가고 있다. 일각에서는 이 같은 분위기는 올해 대선에서 버락 오바마 대통령에게 유리하게 작용할 것이라는 분석을 내고 있다. 총기 사고가 학교에서 계속 일어나면 대선에서 민주당이 유리할 것이라는 일반적인 관측이다. 이유는 총포상 등을 거느린 전국 총기 협회 등 친총기 단체들이 그동안 공화당과 긴밀한 유착관계를 맺어 왔기 때문이다. 이들 단체들은 심지어 버지니아 공과대학 총기 난사 사건 이후 총기 구매를 위한 신원 조회를 철저히 해야 한다는 주장에도 반대했고, 전국 각지에서 행해지는 총기 박람회 등에서 일반인들이 쉽게 총기를 구입하는 현실을 그대로 방치했다는 비난을 받고 있다.

출처 아주 경제, 2012년 2월 28일

해답

※ ( )는 해답이 있는 필독서 페이지입니다.

세상에서 가장 재미있는 세계지도

14~15페이지

- 1) 날짜 변경선 (16쪽)
- 2) 터키 (23쪽)
- 3) 바룰 낫소 (36쪽)
- 4) 할리우드 (41쪽)
- 5) 브라질리아 (48쪽)
- 6) 차드호 (68쪽)
- 7) 사해 (70쪽)
- 8) 동국지도, 바빌로니아의 점토판지도 (81쪽)
- 9) 스발바르제도, 페르토 윌리엄스 (89쪽)
- 10) 이스터 섬 (94쪽)
- 11) 아랄해 (97쪽)
- 12) 태평양 (107쪽)
- 13) 고비사막 (132쪽)
- 14) 갈라파고스 (139쪽)
- 15) 퀘벡 (154쪽)
- 16) 기니만 (171쪽)
- 17) 아이슬란드 공화국 (174쪽)
- 18) 브루나이 (178쪽)
- 19) 아마존 강 (208쪽)
- 20) 독일 (211쪽)

16~17페이지

1 뉴욕에 초고층 빌딩이 집중해 있는 이유는 입지조건이 좋고 강한 암반으로 지진이 없기 때문이다. (44쪽)

2 싱가포르에는 산이 없어서 바다를 메워 국토를 넓힐 수 있는 흙이 없다. 그래서 싱가포르는 말라카 해협을 거쳐 인도네시아로부터 대량의 흙을 사서 배로 날라 그 흙으로 바다를 메우고 있다. (55쪽)

3 에베레스트가 2미터나 높아진 것은 두 가지 이유가 있다. 하나는 측정 기술의 진보로 보다 정확하게 해발을 측정할 수 있게 되었기 때문이다. 또 하나의 이유는 에베레스트 자체가 지반 활동으로 지금도 매년 수 밀리미터씩 성장하고 있기 때문이다. (76쪽)

4 원래 강의 길이는 측정이 어렵다. 기네스북에 현재 세계에서 가장 긴 강이 기록되어 있지 않은 이유는 일반적으로 강 상류의 여러 지류 중에 가장 거리가 긴 것을 측정하도록 하는데, 측정 방법이나 지형 변화 등으로 거리가 바뀌기 쉽기 때문이라고 한다. (80쪽)

5 대서양의 해저에는 이 대류가 끓어올라 솟아오른 중앙 해령이 있다. 그 중앙 해령이 조금씩 융기함으로써 양측 유라시아 대륙 양쪽을 밀면서 그 사이의 거리를 넓혀 가고 있어서 대서양이 넓어지고 있는 것이다. 한편 태평양에는 맨틀의 대류가 가라앉아 깊은 구멍처럼 되어 있는 해구가 있다. 이 해구에 해저의 암반이 가라앉음으로써 아메리카 대륙과 우리나라의 거리가 조금씩 좁아져서 태평양은 좁아지고 있다. (93쪽)

6 런던에 안개가 많은 것은 영국의 먼 바다를 흐르는 해류 때문이다. 영국 주변에는 남서로 멕시코만류(난류)와 북동으로는 북극해류(한류)가 각각 흐르고 있다. 그런데 이 두 해류가 좁아지는 도버해협에서 정면충돌하는 것이다. 멕시코난류의 따뜻하고 습한 공기가 차가운 북극해류를 만나 차가워지는데 이것이 대량의 안개가 되어 런던의 거리를 뒤덮는 것이다. (128쪽)

7 엘니뇨 현상은 해류와 무역풍이 연관되어 있다. 페루 해류(한류)는 남극 근처에서 적도를 향해 북상하여 에콰도르 먼 바다에서 진로를 바꿔 남태평양 중앙부로 향한다. 이 해류가 언제나 에콰도르 먼 바다까지 흘러오면 문제가 없는데, 12월에서 3월에는 무역풍이 약해지기 때문에 에콰도르 먼 바다까지 북상하지 않고 페루 북부 주변에서 서쪽으로 흘러가 버린다. 페루 해류가 흘러오지 않으면 에콰도르 먼 바다에는 적도 부근의 따뜻한 물이 밀려와서 수온이 상승하기 때문에 수온이 상승하는 엘니뇨 현상이 발생하는 것이다. (135~136쪽)

8 아프리카인들이 생선을 별로 먹지 않는 이유는 생선을 먹지 않아도 육상의 동물을 잡으면 충분히 동물성 단백질을 섭취할 수 있었기 때문이다. 그래서 일부러 위험을 무릅쓰며 바다로 나가 생선을 잡아먹을 필요가 없었다. (193쪽)

둥글둥글 지구촌 경제 이야기

23~24페이지

1 1) 값싼 노동력과 거대한 시장 (16쪽)
2) 자동차와 전기전자 산업 (17쪽)
3) 스와데시 운동 (24쪽)
4) 루피 (26쪽)
5) OPEC (27쪽)
6) 싱가포르 (29쪽)
7) 그라민 은행 (33쪽)
8) 공정 무역 (37쪽)
9) IMF (41쪽)
10) 두바이 (45쪽)

2 1) 에스파냐와 포르투갈 (51쪽)
2) 네덜란드 (52쪽)
3) 영국 (55쪽)
4) 프랑스 (59쪽)
5) 독일 (61쪽)
6) 이탈리아 (65쪽)
7) 러시아 (67쪽)

3 1) 복리 이자 (84쪽)
2) 주식회사 (89쪽)
3) 독점 (94쪽)
4) 벤처 기업 (99쪽)
5) 모비MOBY (103쪽)

25~26페이지

1 쿠바는 다른 나라에서 화학 비료나 농약을 수입할 수 없었으므로 화학 비료를 쓰지 않고 자연 퇴비와 지렁이, 바이오 기술을 이용한 유기 농업을 시작했다. 또 도시 농업에도 힘을 기울여서 발코니와 텃밭, 마을의 공터와 쓰레기 매립장 등 도시의 비어 있는 대부분의 땅에 곡식과 채소를 심었다. 친환경 농업을 시작한 지 10년이 지나자 죽은 땅이 되살아났고, 농산물 생산량도 크게 늘어났다. (128쪽)

2 코스타리카는 잘 보호한 자연을 관광 상품으로 만들었다. 1990년대 초부터 생태계 다양성을 통해 삶의 질을 향상시킬 수 있다며 생태 환경의 중요성을 널리 알리면서 자연 위주의 생태 관광이 늘어났다. 관광객이 늘어나면서 코스타리카의 제1산업은 관광산업이 되었고 관광 서비스업이 국가 경제의 60% 정도를 차지하고 있다. (132쪽)

3 나우루 공화국이 파산을 하게 된 이유는 자연의 혜택만 믿고 스스로 돈을 벌려고 노력하지 않았기 때문이고 또한 경제를 발전시키기 위해 검은돈을 끌어들였기 때문이다. 우리는 나우루의 사례에서 스스로 일을 해서 돈을 버는 능력이 중요하다는 사실을 알 수 있다. 또한 정당하게 노력하여 벌지 않은 돈은 늘 위험하다는 사실도 깨달을 수 있다.

4 다음 세대들이 살아가는 데 필요한 자원을 남겨 두고 지구 환경을 지키는 범위 내에서 자원을 개발해야 한다는 것을 '지속 가능한 개발'이라고 한다. (162쪽) 모든 나라들이 한동안 경제 개발만 중요시하고 자원의 고갈이나 환경의 파괴는 신경을 쓰지 않았다. 그러다 보니 지구의 자원은 점점 고갈되어 가고 환경은 오염되고 파괴되는 결과를 낳았다. 그래서 이제 더 이상 파괴된 지구 환경을 방치할 수 없다는 환경보호 운동이 일어났으나 개발을 그만둘 수도 없는 문제에 직면하게 되었다. 그래서 현재 살아가는 우리들의 편리함을 포기하지 않고 다음 세대를 위해 더 나은 지구 환경을 물려주어야 하기 때문에 지속가능한 개발이 필요하게 되었다.

5 탄자니아의 신발 공장의 예에서 우리가 깨달을 수 있는 것은 공장만 세운다고 저절로 경제 성장이 이루어지는 것은 아니라는 사실이다. 국민들이 잘사는 나라로 만들어야겠다는 의지를 가지고 생산에 필요한 기술을 익히는 등의 여러 준비가 우선되어야 한다. 그래서 탄자니아 정부도 가난을 벗어나려면 공장을 짓는 것보다 국민을 가르치는 교육이 우선되어야 한다는 것을 깨달았다. 그 뒤 예산을 계획할 때 교육 정책을 가장 먼저 고려했다. (179~180쪽)

6 우리나라에도 우리만이 가지고 있는 전통 문화가 많이 있다. 김치나 불고기, 비빔밥은 이미 세계인들이 즐겨 찾는 우리 전통 음식이 되었다. 또한 세계 문화유산인 덕수궁이나 경주의 여러 문화유산들도 우리나라에 온 외국인들이 자주 방문하는 곳이다. 또한 요즘은 한류의 바람을 타고 드라마와 관련된 관광명소도 생겨나고 있다. 이 외에도 아이들이 생각하는 경쟁력

마당을 나온 암탉

34~36페이지

1 바람과 햇빛을 한껏 받아들이고 떨어진 뒤엔 썩어서 거름이 되고, 결국 향기로운 꽃을 피워 내는 잎사귀처럼 뭔가를 하고 싶었기 때문에 스스로 제 이름을 '잎싹'으로 지었다. (13쪽)

2 알을 낳지 못하는 잎싹은 주인 부부에 의해 폐계로 분류되어 구덩이 속으로 버려졌다. 그러나 청둥오리 나그네의 도움으로 구덩이에서 빠져나오고, 청둥오리에게 마당 헛간으로 데려가 달라고 잎싹이 부탁해서 마당으로 오게 된다. (21~32쪽)

3 잎싹을 오직 난용종 암탉으로만 취급하며 무시하는 마당의 수탉부부, 오리들, 늙은 개의 텃세에 밀려 마당에서 밭으로 쫓겨 갈 수밖에 없었다. (33~50쪽)

4 마당을 나와 보금자리로 선택한 찔레덤불 속에서 알을 발견한 후 누구의 알인지는 몰라도 자신이 알을 따뜻하게 감싸 주지 않으면 죽을 것 같아서 어미가 올 때까지만 알을 품어 주기로 결심한다. 잎싹의 소원은 알을 품어서 병아리의 탄생을 보는 것이다. (10쪽, 61~63쪽)

5 암탉 잎싹과 알(아기오리 초록머리)을 족제비의 공격으로부터 보호하기 위해. (121쪽)

6 첫 번째는 철망을 나와서 아카시아 나무 아래 살았던 것, 두 번째는 알을 품은 것, 세 번째는 족제비가 사냥에 실패하고 아기오리 초록머리가 난 것. (131~133쪽)

7 집오리들이 끝내 자신을 받아 주지 않아 무리에 끼지 못할까 봐 겁이 나서. (134~137쪽)

8 청둥오리 나그네는 날개를 다쳐서 날아갈 염려는 없고, 초록머리는 날개로 언제든지 날아갈 수 있었던 점이 다르다. 주인은 초록머리가 날아가지(도망가지) 못하게 하려고 기둥에 묶었다. (142~146쪽)

9 자신과 똑같이 생긴 족속을 만나는 기쁨을 본능적으로 느꼈을 것이다. 그동안 집오리 무리 속에 끼지 못했던 서러움을 뒤로 하고 오랫동안 마음속으로 꿈꾸었던 것들이 이루어지는 걸 느끼면서 가슴 뛰며 감격했을 것이다. (159~160쪽)

10 세 가지 소원은 알을 품어서 병아리를 보는 것, 날고 싶은 것, 그래서 아기오리 초록머리처럼 훨훨 아주 멀리 가보고 싶은 것이었다. 그중 알을 품어 병아리를 보는 것은 이루었다. 잎싹이 마지막에 초록머리는 날려 보내고 족제비에게 목숨을 잃으면서 '왜 하늘을 날고 싶다는 생각을 하지 않았을까.'라고 생각한다. 원래 자신의 조상은 새였으며 자기 안에도 날고 싶은 욕망이 숨어 있음을 뒤늦게 깨달은 것이다. (189쪽)

11 자유롭게 이야기하도록 한다.
예) 큰 모성애를 발휘했다고 생각한다. 정이 들어서 초록머리를 떠나보내기가 힘들었을 텐데 큰 용기를 냈다고 생각한다.

12 이미 자신의 꿈을 이루었고 며칠 동안 사냥을 못해 눈이 퀭한 족제비를 보고 자신이 족제비 새끼들을 위한 먹잇감이 된다는 어미의 마음으로 족제비의 먹이가 되었다. (190~191쪽)

37~39페이지

1 '마당'은 안락함이 보장되었으나 자유는 제한된 장소를, '나왔다.'는 의미는 '다른 세상으로 갔다, 낯선 곳으로 모험을 떠났다.' 등으로 해석할 수 있다. '마당을 나왔다.'는 것은 기존에 내가 생활을 한 곳, 안락한 삶이 보장이 되는 곳을 떠나 다른 세상을 향해 모험을 떠났다고 이해할 수 있다.

2 위험하고 힘든 삶이라도 자신이 소망한 꿈을 이루기 위해 노력을 하고 도전을 해 보는 것이 가치 있다고 생각했기 때문에 마당을 나왔다.

3 '이름을 새로 짓는다.'는 의미는 새로운 삶을 스스로 선택하여 살겠다는 의지의 표현이다. 대부분 이름은 내가 선택하는 것이 아니라 부모님이 지어 준 것을 쓴다. 내가 만약 내 이름을 짓는다면 어떤 이름을 짓고 싶은지 지어 보고 이유를 이야기해 본다.

4

닭	사는 곳	의미
양계장의 닭	양계장	자유가 없이 남이 시키는 대로 사는 삶
마당의 닭	마당	편안함에 안주하면서 주어진 삶의 한계에 수긍하는 삶

	들판의 닭	들판	주어진 한계나 사회적인 조건을 벗어난 삶
5			상징하는 인간의 모습
	암탉		자유를 갈망하는 잎싹은 자신에게 주어진 삶의 한계를 극복하고자 하는 인간을, 양계장에 갇혀 배부르게 먹지도 못하고 품지도 못한 알을 낳으면서 아무 생각 없이 사는 난용종 암탉은 자신의 삶에 아무런 고민이나 의심 없이 사는 인간을, 마당에서 수탉과 병아리와 함께 만족스럽게 살면서 혹시라도 누가 끼어들어 그 생활을 흐트러뜨리지 않나 전전긍긍하는 관상용 암탉은 자신의 것만 챙기는 이기적인 인간을 의미한다.
	족제비		자신의 삶에 아무런 고민이나 의심 없이 사는 인간
	청둥오리		한쪽 날개를 다쳤지만 자신의 본성을 잃지 않고 최선을 다해 살아가는 청둥오리 나그네는 힘들어도 자신의 존엄성을 지키며 살고자하는 인간을 의미한다.
	수탉		권위주의적인 인간을 상징한다.
	개		문지기 개는 기회주의자를 의미한다.

6 갈등을 겪었거나 왕따를 당한 경험을 자유롭게 이야기해 본다.

7 학교의 규칙이나 사회의 규칙, 혹은 부모님이 정해 놓은 규칙 중에 마음에 들지 않거나 불만인 점이 있다면 무엇인지 말해 보고 그렇게 생각하는 이유도 생각해 본다. 혹은 규칙을 어겼던 경험이 있으면 말해 본다.

8 잎싹이 소망을 품지 않았다면 알을 품어 보지도 못하고 초록머리를 만나게 되지도 못했을 것이다. 양계장 마당에서 살다가 폐계가 되어 죽었을 것이다.

어린이를 위한 수학의 역사 1

44~45페이지

1 중국의 황하강 근처, 인도의 인더스 강 근처, 바빌로니아, 중앙아시아의 티그리스와 유프라테스 강 부근 (17쪽)

2 강 주변은 퇴적이 일어나서 풍부한 무기질이 홍수 때마다 넘쳐서 강 주변을 비옥하게 만들었기 때문에 사람들이 큰 규모의 정착생활을 할 수 있었다. (28~29쪽)

3 손가락 (37쪽)

4 점과 막대기 (48쪽)

5 '다섯'은 손가락을 하나씩 꼽으면서 셈을 하다 보면 다섯 번째에는 손가락을 모두 '닫힌다'는 뜻에서 비롯되었고, '열'은 닫힌 손가락을 하나씩 펴다가 마침내 10이 되면 모두 '열리기'가 되는데 여기에서 유래를 찾을 수 있다. (56쪽)

6 1피트는 12인치, 1파운드는 12온스, 1페니 12개는 1실링, 12가지 동물 띠, 1년은 12달, 시계는 숫자 12 (61~64쪽)

7 0, 1 (69쪽)

8 무한대, ∞ (80쪽)

9 실험적 기하학이 아닌 논리적 과정을 통하여 수학적으로 엄밀하게 증명했기 때문에 (100쪽)

10 상형문자 (134쪽)

46~47페이지

1 맑은 날 태양이 피라미드를 비추면 땅에 그림자가 생길 때 탈레스는 짧은 막대 하나를 피라미드에서 조금 떨어진 땅에 세우고 막대의 그림자 길이를 측정하여 피라미드의 높이를 측정했다. 같은 시각에 햇빛이 같은 각도로 물체에 비춘다는 점을 이용한 것이다. (87~88쪽)

2 삼각형의 합동 원리를 이용해서 육지에서 바다에 정박해 있는 배까지의 거리를 측정했다. 우선 해변을 따라 직선 BD를 그었다. 그리고 D에서 A를 향해 각도기로 ∠가를 측정했다. 그 다음 ∠가와 똑같은 ∠나를 만들어서 직선 DC를 땅 위에 그렸다. 그리고 B쪽으로 와서 지점 A를 보고 각 B가 직각이 된 곳에서 멈춰서 그곳을 B라고 했다. 그런 다음 B에서 똑바로 땅 위에 선을 긋는다. 그러면 ∠ADB=∠CDB이고, ∠ABD와 ∠CBD는 직각이므로 같고, 변 BD는 삼각형 ABD와 삼각형 BCD의 공통변이므로 삼각형 ABD와 삼각형 BCD는 합동이 된다. 즉, BC는 육지이기 때문에 이 길이를 측정하면 해안에서 배까지의 거리가 된다. (107~109쪽)

3 나폴레옹은 자신이 쓰고 있는 모자를 앞으로 기울여서 모자의 챙이 강 맞은편과 일직선이 되도록 만들었다. 그런 다음 조금씩 뒤로 물러나서 처음 있던 곳과 모자의 챙이 일직선으로 보이는 곳까지 뒤로 물러났다. 그리고 현재 있는 곳에서 처음 있던 지점까지의 거리를 측정했는데 이 너비가 강 너비와 똑같았다. (110~112쪽)

4. 상형문자는 사물의 모습을 본 딴 것이므로 숫자의 모

습을 보고 어울리는 상형문자를 만들어 본다.
5. 다리 사이로 거꾸로 보는 방법으로 나무의 높이를 쟀다. 다리 사이로 나무를 봤을 때 나무가 잘 보이는 지점에서 멈춘 후 나무와의 거리를 측정하면 이 거리가 바로 나무 높이가 됐다. (114~115쪽)

48페이지

- 이 활동은 책(158~164쪽) 직각삼각형의 직각을 끼는 두변의 길이를 각각 a,b, 빗변의 길이를 c라고 하면, a의 제곱 더하기 b의 제곱의 합은 c의 제곱의 합과 같다는 결론이다. 이렇게 빗변이 있는 직각삼각형의 모습은 항상 이 식을 띤다는 것을 증명해 내어 3, 4, 5의 비율, 5, 12, 13의 비율이 직각삼각형을 갖는다는 것을 증명해 내었다. 이 직각삼각형의 증명 방법은 이 삼각형 위로 정사각형을 만들어 면적의 넓이를 내세워 증명할 수 있었다. 더불어 피타고라스의 정리 중 복잡한 것도 많지만 우리가 쉽게 이해할 수 있는 것은 자연수에 관한 것으로, 우리가 지금은 쉽게 생각하는 홀수와 짝수를 나눈 것도 피타고라스에 의해 정리되었다고 한다. 이 외에도 제곱근과 홀수와 짝수에 관한 식을 공식화하였다. 또한 우리가 잘 알고 있는 정 4면체, 정 8면체까지 알고 있지만 피타고라스학파에 의해 20면체까지 가능하다는 것을 증명하면서 수학의 경이로움을 이야기하였다.

너도 하늘말나리야

55~56페이지

1. 미르는 부모님의 이혼으로 엄마와 함께 살게 되었다. 그런데 간호사인 엄마가 월전리에 있는 진료소에서 일하게 되어서 엄마를 따라서 시골로 이사를 오게 되었다. (16~17쪽)
2. 미르는 엄마가 자신을 아빠 없는 아이로 만들어 버렸기 때문에 자신이 불행해져서 엄마의 마음을 아프게 하고 싶었다. 그래서 자신은 절대로 행복해지지 않을 거라고 다짐하였다. (39쪽)
3. 소희가 미르를 처음 본 것은 느티나무에 기대어 서 있는 미르의 모습이었다. 느티나무에 기대 서 있는 미르를 보았을 때 소희는 미르에게서 자신의 모습을 보았다. 미르는 춥고 외로워 보였다. 하지만 미르는 소희와 눈이 마주치는 순간 혼자만의 표정을 지워 버리고 그 위에 가면을 써 버렸다. 소희는 잠깐이지만 미르의 혼자만의 얼굴을 보았고 그 얼굴에서 자신과 같은 외로움을 읽을 수 있었다. (72~74쪽)
4. 소희는 책에서 '상처 입은 조개만이 진주를 키울 수 있다.'는 구절을 읽었다. 조개 속의 상처가 오랜 세월을 거치면서 진주가 된다는 것이다. 그래서 소희는 자신을 조개라고 생각하기로 하고 마음속에 진주를 키우기로 했다. 상처 입은 조개가 진주를 키우듯 자신의 마음속의 상처를 두려워하지 않기로 한 것이다. (93쪽)
5. 초등학교에 입학하기 전에 바우의 엄마가 돌아가셨고 그 충격으로 바우는 마음속에 병을 키워 갔고 끝내는 말을 잃은 아이가 되었다. 하지만 정작 엄마가 돌아가신 직후에는 엄마가 세상에 없다는 것을 바우는 실감하지 못했다. 바우가 말을 잃은 것은 아빠가 바우가 그린 엄마 무덤의 그림을 이해하지 못하였고 오히려 화를 냈던 순간부터였다. 바우는 엄마를 통해서 세상과 소통하고 있었는데 이제 엄마가 없으니 아무한테도 이해받지 못할 거라고 생각하고 스스로 세상으로 나가는 문을 닫아 버린 것이었다. (141쪽)
6. 하늘말나리꽃은 다른 나리꽃 종류와는 달리 하늘을 향해서 핀다. 바우는 주변이 아무리 어수선해도 자신을 흩트리지 않고 알차게 자기 자신을 꾸려 나가는 소희와 하늘말나리꽃이 닮았다고 생각했다. 소희는 부모님이 없어도, 예쁘고 비싼 옷을 입지 못해도 언제나 당당해 보였다. 소희가 그럴 수 있는 것은 자기 자신을 사랑하기 때문이라고 바우는 생각했다. 그래서 소희는 자기 자신을 사랑할 줄 아는 하늘말나리꽃과 닮았다고 느낀 것이다. (159~162쪽)
7. 바우는 미르에게 엄마를 잃은 충격으로 말까지 잃었던 자신의 이야기를 해주고 싶었다. 미르를 알기 전에 바우는 한 번도 남의 아픔에 대해 생각해 본 적이 없었다. 하지만 미르의 아픔을 알게 되고서 바우는 비로소 자기 아픔을 밖에서 들여다볼 수 있게 된 것이다. 그래서 미르에게도 자신의 아픔을 밖에서 바라보라고 이야기해 주고 싶었다. 그러면 미르의 상처도 어쩌

면 좀 더 가벼워지지 않을까 하고 생각했기 때문이다. (165~166쪽)

8 바우는 아빠가 엄마에게 주려고 샀다고 생각한 꽃바구니가 미르의 집에 있는 것을 보게 되었다. 미르 엄마의 생일에 바우 아빠가 미르 엄마에게 선물한 것이었다. 하지만 미르는 그 꽃바구니가 아빠가 선물한 것이라고 짐작하고 있었다. 순간 바우의 입에서 "니네 아빠한테 물어봤어?"라는 말이 튀어나오고 말았다. 꽃바구니에 대한 충격으로 바우는 처음에는 자신이 미르에게 말을 했다는 사실도 깨닫지 못했다. 미르와 소희는 바우가 말을 한 것에 대해서 기뻐했지만 마냥 기뻐할 수만은 없는 바우는 미르의 집을 먼저 나오고 말았다.(167~172쪽)

9 미르는 소희에게서 엄마 생일날의 그 꽃바구니가 사실은 바우 아버지가 보낸 것이라는 이야기를 듣고는 몸에 벌레라도 붙은 것처럼 놀라서 피아노 위에 있는 꽃바구니를 바닥에 내동댕이쳐 버렸다. 그러나 바우 아버지를 존경하지만 다른 남자와 결혼을 할 생각은 아직까지는 없다는 엄마의 말에 오해를 풀었다. (197~203쪽)

10 할머니가 돌아가시고 혼자 남게 된 소희는 작은아빠의 집으로 가게 되었다. 미르는 소희가 달밭에 남기를 바랐지만 소희는 자신이 작은아빠의 집으로 가지 않는다면 할머니도 모시지 못했던 작은아빠의 마음이 괴로우실 거라고 생각했다. 그래서 소희는 정든 달밭과 친구들을 떠나 작은아빠의 집으로 가기로 결정한 것이다. (218쪽)

57~58페이지

1 미르는 부모님의 이혼으로 아빠를 떠나 시골로 엄마랑 단 둘이 이사를 와야만 했던 아픔이 있었다. 그래서 미르는 엄마와 말도 잘 하지 않고 새로 전학 간 학교의 친구들에게도 못되게 굴었다. 자신이 받은 상처를 다른 사람들에게 화를 내며 표현한 것이다. 바우는 엄마가 돌아가시면서 세상과의 문을 닫아 버리고 말을 하지 않는 아이가 되었다. 이제는 자신을 이해해 줄 엄마가 없기 때문에 자신을 이해하지 못하는 다른 사람들과는 말을 하고 싶지 않았던 것이다. 소희는 어릴 때 아빠가 돌아가시고 엄마마저 재혼하여 떠나 버려서 할머니와 단 둘이 산다. 하지만 소희는 그렇기 때문에 자신이 더 잘해야 하고 잘 살아가야 한다고 믿는다. 상처받은 조개만이 진주를 키울 수 있듯이 자신의 상처도 언젠가는 진주가 될 것이라고 생각하였다.

2 아이들에게도 남들에게 보여 주기 싫은 혼자만의 표정이 있을 것이다. 미르처럼 춥고 외로운 모습일 수도 있고, 여리고 소심한 표정일 수도 있다. 겉으로는 강하고 밝은 모습이어도 혼자 있을 때는 외롭고 여린 자신의 모습을 보게 되는 경우도 있을 것이다. 자신이 혼자 있을 때는 어떤 모습이 되는지 솔직하게 써 보도록 한다.

3 미르를 괴롭히는 아이들이 옳지 못하다는 것을 알면서도 나서서 아무것도 하지 않은 것에 대한 죄책감이다. 자신은 미르를 괴롭히지는 않았지만 미르를 위해서 아무런 행동도 하지 않은 것은 미르를 괴롭힌 아이들만큼이나 나쁜 행동이었다. 친구가 누군가에게 괴롭힘을 당하고 있을 때 모른 척했거나 외면했던 경험이 있으면 솔직하게 말해 보도록 하고, 그때 어떤 기분이 들었는지 말해 보도록 한다.

4 제비꽃이 봄에 피어난 것은 겨우내 들판이 꿈을 꾸었기 때문이다. 소희는 수줍게 피어난 제비꽃이 겨울 동안의 모진 추위를 견뎌 내고 들판이 피운 꽃인 것처럼 자신도 가슴에 꿈을 키우고 있는 들판이라고 생각했다. 지금은 모질고 추운 겨울 들판이지만 가슴에 꿈을 키우고 있다면 언젠가 봄이 오면 자신도 예쁜 제비꽃을 피울 수 있으리라고 믿고 싶었다.

5 진료소 마당에 있는 느티나무는 미르가 달밭에 와서 처음 마음을 준 존재이다. 말없이 지켜 서서 자신을 내려다보는 느티나무에서 미르는 마음의 위안을 얻었다. 자신이 무슨 말을 해도 다 들어 주고 이해해 줄 것 같은 느티나무는 그 존재감만으로도 미르에게 안식처가 된 것이다. 나에게도 늘 묵묵히 나를 응원해 주고 나의 이야기를 들어 주는 존재가 있는지 생각해 보도록 한다.

6 하늘말나리꽃은 땅을 보면서 피는 다른 나리꽃과는 달리 하늘을 보면서 피는 꽃이다. 그래서 자기 자신을 사랑하는 꽃이기도 하다. 나도 하늘말나리꽃처럼 어려운 상황에서도 하늘을 향해 당당히 피면서 자신을 사랑한 적이 있는지 생각해 보고, 혹은 하늘말나리꽃

같은 사람이 주변에 있는지 생각해 보도록 한다.

웨인스콧 족제비

63~65페이지

1. • 지크: 화이트 벨리 5형제의 가장 큰 형으로 체격이 크고 공중제비를 잘 넘으려 춤을 잘 춘다.
   • 웬디: 노스포크에서 잠시 놀러온 블랙키시 씨의 조카이다. 아름다운 족제비이며 춤추는 것을 좋아한다.
   • 배글리: 웨인스콧의 전설적 족제비 배글리 브라운의 2세이며 안대를 하고 은둔 생활을 한다.
   • 브리짓: 배글리가 사랑한 아름다운 물고기이다. 초록색 줄무늬와 은빛 비늘을 가졌다.
   • 패디: 웨인스콧 숲의 시냇물 옆에 사는 황소개구리이다. 배글리의 친구가 되어 준다.
2. 배글리의 아버지 배글리 브라운은 웨인스콧의 족제비들이 농장에서 알을 가져올 수 있도록 숲에서 농장까지 긴 굴을 뚫었다. 두더지들을 지휘하여 밤에만 굴을 뚫었는데 닭장까지 거의 굴이 완성되어 가던 날 밤에 올빼미의 공격을 받아서 사망했다. 그 후로 배글리 브라운은 웨인스콧의 전설적인 영웅이 되었다. (65~68쪽)
3. 올빼미에게 공격을 받았을 때 배글리의 아버지가 사망하고, 배글리의 엄마도 충격으로 쓰러져 얼마 후 돌아가시고 말았다. 배글리는 세상에 혼자 남겨졌다. 그 일 이후 배글리 집안은 웨인스콧에서 위대하고 전설적인 집안이 되었다. 하지만 배글리는 동물들이 자신의 이름을 듣는 순간 호들갑을 떨며 자기를 특별하게 대우하는 것이 싫었다. 상대방이 법석을 떠는 것은 자신 때문이 아니라 아버지 때문이어서 다른 동물들과는 좀체로 말을 하지 않고 늘 혼자 지냈다. (39쪽)
4. • 배글리: 호수에서 허공을 날아올라 은빛으로 빛나는 브리짓을 처음 본 순간 배글리는 그 모습에 완전히 사로잡혀 버렸다. 브리짓의 눈은 아름다웠고 몸에 난 초록빛 줄무늬도 매혹적이었다. 그날 이후 배글리는 늘 브리짓 생각만 하게 되었다. (60쪽)
   • 브리짓: 이른 봄날 배글리가 자신에게 '안녕하세요?'라고 소리쳤을 때 무척 놀랐지만, 처음 보는 동물이 자신에게 왜 인사를 하는지 궁금했다.
5. 그날 밤에도 배글리는 양철통 뒤에서 아버지가 두더지들에게 굴의 방향을 알려 주는 모습을 지켜보고 있었다. 그런데 하늘에서 커다란 새가 내려오고 있었다. 배글리는 아버지에게 소리를 쳐서 위험을 알렸고 아버지는 배글리를 보호하기 위해 달려왔다. 하지만 새의 발톱이 번쩍거렸고 왼쪽 눈에 통증을 느꼈다. 배글리가 정신을 차렸을 때는 새가 아버지를 낚아채서 하늘로 올라가 버렸다. 그날 밤의 사건으로 배글리는 한쪽 눈을 잃고 안대를 해야 했다. (68쪽)
6. 패디가 알려 준 호수의 위험은 가뭄으로 호수의 물이 점점 말라가서 물고기들이 쉽게 위험에 노출되는 상황에서 물수리 한 마리가 전봇대 위에 둥지를 짓고 호수에서 물고기 사냥을 하고 있다는 것이었다. (115쪽)
7. 배글리의 계획은 전봇대 위에 있는 물수리의 둥지를 얼마 전 백조가 이사 간 커다란 호수로 옮기는 것이다. 둥지를 부수면 물수리는 다시 나뭇가지를 모아 둥지를 지을 것이므로 둥지를 고스란히 옮겨 놓으면 물수리도 둥지를 따라 이사를 가게 될 거고, 더 큰 호수에서 물고기를 잡아먹으며 다시 이곳으로 돌아오지 않을 것이기 때문이다. (140쪽)
8. • 패디: 개구리와 두꺼비들에게 둥지를 옮겨 달라는 부탁을 하였으며 지크와 족제비들에게도 배글리가 위험에 처한 사실을 알려 주었다.
   • 지크와 족제비들: 결혼식을 미루고 다들 배글리를 도와주기 위해서 달려와 물수리 둥지를 옮기다가 쓰러진 배글리를 구하고 둥지를 더 큰 호수까지 옮겨 주었다.
   • 거북이: 배글리가 어렵게 전봇대에서 끌어내린 둥지를 끌어서 덤불 아래로 옮기는 것을 도와주었다. (182쪽)

66~67페이지

1. 서로 다르다는 이유로 사랑할 수 없다는 의견이 옳은지 그렇지 않은지에 대해서 자신의 주장과 근거를 쓰도록 한다.
2. 브리짓이 먹지 못할 수도 있지만 혹시 먹을 수도 있지 않을까 하는 기대감도 있었을 것이다. 그리고 브리짓

을 만날 수는 없지만 그리워하면서 아무 일도 하지 않는 것보다는 브리짓이 알아주지 않더라도 그녀를 위해 뭔가를 하는 편이 배글리로서는 마음이 덜 아팠을 것이다.

3 아무도 나의 마음을 알아주지 않아도 다른 사람을 위해서 선행을 베풀거나 도운 경험이 있는지 말해 보도록 한다.
예) 아무도 보지 않았지만 운동장에 유리조각이 떨어져 있는 것을 주워서 휴지통에 버린 적이 있어요. 친구들이 뛰어다니다가 다칠 수도 있으니까요. 아무한테도 말하지 않았지만 착한 일을 한 것 같아서 마음이 흐뭇했어요.

4 웬디로서는 큰 용기를 내어 배글리에게 초대장을 주었다. 하지만 브리짓에게 마음을 빼앗기고 있던 배글리는 웬디의 그런 마음을 알지 못했고, 초대장 때문에 지크가 자신에게 화가 났다는 것을 알게 되자 지크에게 초대장을 줘 버린다. 상대방의 마음을 헤아리지 못하고 배려하지 못한 배글리의 행동에 대해서 비판해 보고 그 이유를 말해 보도록 한다.

5 앞의 문제에서 배글리의 행동을 비판하였으므로, 그렇다면 배글리가 어떻게 행동해야 했었는지 생각해 본다.
예) 나라면 웬디에게 먼저 자신은 무도회에 갈 수가 없다고 정중하게 사과하고 대신 지크와 함께 가는 것이 어떠냐고 물어봤을 것이다.

6 다른 사람에 대해서 판단하거나 친구가 될 때 중요한 것은 그 사람의 겉모습이 아니라 내면을 보아야 한다는 말이다. 겉으로 보이는 모습이나 소문만으로 그 사람을 판단하면 그 사람의 본질을 알 수 없다. 어떤 생각을 하는지, 어떤 가치관을 가진 사람인지를 알아야 그를 진정으로 안다고 말할 수 있는 것이다. 또한 겉모습이 나와 다르다는 이유만으로 다른 사람을 차별하거나 무시하는 일 또한 옳지 않다. 중요한 것은 그의 마음속에 있기 때문이다

장건우한테 미안합니다

75~76페이지

1	사건의 원인	쪽팔려 게임 중에 소영이가 건우의 뺨을 때렸기 때문에 울었다. (8~9쪽)
	사건의 과정	건우를 좋아하는 미진이가 호감의 표현으로 건우에게 장난을 쳤다. (49~51쪽) 소영이가 건우의 뺨에 살짝 손을 갖다 댔을 뿐인데 건우라 울어 버리는 바람에 당황을 했다. (51쪽) 담임선생님에게 건우, 소영, 미진이 불려 갔다. (9쪽)
	사건의 결과	담임선생님은 건우에게 소영이나 미진이의 어려운 환경을 말하며 많이 가진 사람이 나누어야 한다고 말했다. (12~15쪽) 건우 엄마의 항의로 미진이와 소영이, 연희는 건우에게 공개 사과를 했다. (30~31쪽)

2 여러 인물의 반응 중 내 생각과 가장 비슷한 생각을 한 인물을 말하고 그렇게 생각한 이유도 답해 본다.

3 상황 \ 인물	건우	소영
쪽팔려 게임	아무것도 모른 채 뺨 맞은 게 억울하다. 자꾸 눈물이 난다. (8, 61쪽)	장난으로 한 건데 건우가 우는 바람에 일이 커져 버린 것 같아서 억울해. (59쪽) 공개사과를 했는데도 건우가 또 우니까 가해자가 된 기분이야. (61쪽)
김진숙 선생님이 쪽팔려 게임 사건을 처리하는 방법	선생님이 부당하게 대하는 것 같아서 더 억울하다. (14~15쪽)	내 마음을 훤히 들여다보고 계신 느낌이야. (54쪽) 내가 혼이 안 나는 게 조금 이상하긴 하지만 모든 아이들을 공평하게 대해 주시는 것 같아. (62쪽)
김진숙 선생님이 반 아이들을 대하는 태도	소영이와 미진이만 예뻐하는 건 불공평하다고 생각한다. (41쪽)	성적 순이나 부자 순으로 아이들을 대하지 않는 공평한 선생님이야. (54~55쪽)

4 선생님 혼자서 한 이름 불러 주기 놀이 때문에 상처받은 사람이 있다는 것을 알고 사과를 한다. (80쪽)

77~79페이지

1 • 건우의 경우: 미진이와 소영이보다 공부도 잘하고 부자이고 부모님도 다 계시기 때문에 피해를 입었는데도 이해하고 참으라고 강요당한다.
 • 주변의 역차별 사례: 남자이기 때문에 힘든 일은 해야 할 때가 있는데 남자도 몸이 허약할 수 있다. 장애인 친구가 힘들까 봐 체육대회 등 학교 행사에 끼워 주지 않았는데 사실 그 친구는 학교 행사에 참여하는 것을 더 바랐을 수 있다.

2 세 경우는 이 책에 나오는 경우이다. 어떻게 생각해 보면 모두 공평한 것 같기도 하고 모두 불공평한 것 같기도 할 것이다. 이 책에 나오는 세 가지 경우 모두 불공평하다고 아이들은 느낀다. 내 생각을 답해 보고 그렇게 생각한 이유를 말해 본다.

3 차별당한 경험이나 미안하다는 말을 사용한 경험, 들

어 본 경험을 자유롭게 이야기한다.
4 차별당한 경험이나 미안하다는 말을 사용한 경험, 들어 본 경험을 자유롭게 이야기한다.
5 이 시는 나와 다른 대상과 관계 맺기의 중요성과 그 의미에 대해서 노래한 시다. 어떤 대상이든 내가 의미 부여를 하지 않고 이름을 불러 주지 않으면 내겐 아무런 의미가 없는 존재이다. 이름을 불러 주는 것(의미를 갖는 것)이 진정한 관계를 만들 수 있다는 것을 노래한 시다.
6 관심을 갖는다는 것은 더 많이 이해하게 된다는 뜻이고 더 많이 알게 된다는 뜻이다. 이름을 많이 부를수록 그 사람과 나는 서로에게 의미가 있는 사람이 된다는 뜻이다. (77~80쪽)
7 예) 내 마음의 규칙은 사람을 볼 때 외모를 보지 말자이다. 문제점은 자칫 상대의 외모가 좋다는 이유로 다른 부분을 과소평가할 수도 있다는 점이다. 외모도 좋고 품성도 좋을 수 있는데 무조건 외모가 뛰어난 것을 평가 절하하는 것은 또 다른 편견이 될 수 있다.

나의 라임오렌지 나무

84~85페이지

1 이사 갈 새집을 가족들과 함께 미리 보러 갔을 때 새집 마당에서 만났다.
2 "나무는 몸 전체로 얘기해. 잎으로도 얘기하고 가지랑 뿌리로도 얘기해.", " 잘 있어. 친구! 넌 세상에서 가장 멋진 나무야.", " 넌 늘 내게 다 털어놓잖아. 결국엔 항상 다 얘기하면서, 너도 말 안하고는 못 배길걸.", "슈루루까, 너 모르지? 지난주에 내가 최우수 학생으로 뽑혀서 '요술장미'란 동화책을 상으로 받았어." 등 대화를 통해 제제와 라임오렌지나무의 관계와 관계의 친밀감을 추측해 본다.
3 아빠에게 크리스마스 선물을 사드리기 위해 구두닦이를 했다. "아빠가 가난뱅이라서 싫어."라고 제제가 말하는 것을 우연히 듣게 된 아빠, 아빠의 마음에 상처를 준 제제는 마음이 아팠다. 그래서 아빠를 위해 뭔가를 하고 싶은 마음이 들었기 때문이다.
4 자동차 뒷면에 붙은 바퀴에 매달리는 장난을 치다가 자동차 주인인 뽀르뚜가 아저씨에게 걸려 크게 혼이 난다.
5 가족들에게 말하지 못한 채 유리조각에 베인 발로 학교를 가다가 만난 뽀르뚜가 아저씨가 제제를 병원에 데려다주고, 치료를 받게 해준다. 그것이 계기가 되어 친해지게 된다.
6 기차 망가라치바가 쉬따 건널목에서 뽀르뚜가 아저씨가 탄 자동차를 들이받아서, 기차가 차를 완전히 박살냈다는 소식을 듣고 뛰쳐나갔다.
7 • 감동적인 장면: 제제가 아버지께 선물을 드리는 장면. 더 가난한 친구와 먹을 것을 나누는 장면 등.
• 기뻤던 장면: 뽀르뚜가 아저씨와 보내는 시간들, 선생님께서 제제를 칭찬해 주는 장면 등
• 슬펐던 장면: 뽀르뚜가 아저씨가 사고 난 장면, 너무 가난해서 선물을 못 받은 이야기를 하는 장면 등.
• 흥미 있었던 장면: 밍기뉴와 이야기하는 장면, 동생이랑 노는 장면 등 각자가 느끼는 감상은 다를 수 있기에 자유롭게 이야기한다.

86~88페이지

1 나무는 보통 '성장'을 의미한다. 이 작품은 제제가 슬픔을 겪으며 어른으로 성장해 가는 과정을 그리고 있다. 제제와 이야기하는 상징적인 존재의 라임오렌지 나무는 제제 자신의 성장을 보여 주는 것이라 할 수 있다. 아이들이 상상한 것을 자유롭게 이야기하게 한다. 본래의 의미와 맞지 않더라도 인정해 주고 책을 읽고 활동해 가는 과정에서 새로운 것을 깨닫게 지도한다.
2 일기장이 밍기뉴 같은 존재라고 생각해요. 왜냐하면 나만의 비밀이야기를 할 수 있으니까요. 친한 친구요. 엄마에게 못하는 비밀이야기도 할 수 있어요. 부모님이요. 항상 제 편을 들어 주시니까요.
3 • 형: "너도 좀 다른 애들처럼 굴어. 그 조그만 머리로 그렇게 어려운 생각은 좀 그만해."
• 누나: "제제! 어서 가서 자! 이 망나니 같은 놈아!"
• 선생님: " 너는 황금 같은 마음씨를 가진 아이야."
• 뽀르뚜가: "제제, 넌 굉장히 복잡한 아이야. 하지만 내 마음을 기쁨으로 가득 채워 주기도 한단다."
제제는 장난꾸러기지만, 감수성이 풍부하고, 예민하

며 머리가 똑똑하고, 정이 많다. 제제를 평가하는 사람들의 생각과 진정한 제제의 성격과 교집합을 찾아본다.

4 꿈에서 제제는 자신을 찾아온 밍기뉴와 함께 산책을 나갔는데, 뽀르뚜가 아저씨의 차를 들이받은 기차 망가라치바를 보게 된다. 제제는 망가라치바가 밍기뉴를 죽일 거라고 생각하며 기차를 보며 '살인자'라고 소리친다. 이 꿈은 뽀르뚜가 아저씨를 죽인 망가라치바를 살인자로 인식하는 제제의 마음을 알 수 있다. 제제의 마음속엔 언젠가 밍기뉴도 자신의 곁을 떠날 것이라는 두려움과 불안이 있다. 언젠가 또또까 형이 말해 준 소식(시청에서 앞으로 길을 넓히기 위해 모든 집의 뒤뜰을 없앤다는)이 제제의 마음속에 깊은 불안으로 자리 잡은 셈이다.

5 작가는 아마도 라임오렌지나무를 통해 고통 속에서도 사랑할 수 있다는 진실을, 그리고 그 사랑은 마음의 귀를 열고 들어야 깨달을 수 있다는 것을 나타내려고 했을 것이다. 누군가 관계 맺기를 할 때 진심으로 상대의 모든 것에 관심을 갖고 대할 때 내면의 소리를 들을 수 있음을 의미한다.

6 허름한 구유에서 태어난 아기 예수. 하지만 아기 예수는 훗날 많은 사람들의 마음을 사랑으로 위로하고 치유해 주었다. 제제의 슬픔 역시 남루해 보이지만, 그 안에 생의 비밀이 숨 쉬고 있는지 모른다. 작가의 자전적인 인물이기도 한 제제, 젊은 시절 숱한 고생을 했던 작가가 훗날 브라질에서 가장 유명한 작가가 된 것처럼, 제제의 슬픔은 슬픔이 깨달음이란 축복이 될 수 있고 태어나고 성장하기 위해선 슬픔의 과정을 통과의례처럼 거쳐야 한다는 진실, 그 과정을 거쳐야만 영혼이 더욱 단단하게 여물어질 수 있음을 보여 준다.

7 뽀르뚜가 아저씨의 죽음으로 커다란 상실을 경험한 제제는 아픔이 무엇인지, 삶이 얼마나 슬플 수 있는지 깨달았다. 예민한 감수성 탓에 가난 속에서 또래보다 일찍 철이 들 수밖에 없었던 제제. 제제에게 라임오렌지나무는 유년의 환상과도 같은 존재이다. 하지만 뽀르뚜가 아저씨의 죽음으로 제제의 마음속에서 이미 밍기뉴는 잘려진 것만 같다. 더 이상 마법의 밍기뉴가 아닌 평범한 라임오렌지나무가 된 것이다. 제제의 고백은 유년 시절의 상실, 어린 시절 꿈꾸던 환상의 사라짐을 상징적으로 보여 주고 있다.

8 아름다운 문장이 많이 나오는 책이므로 책을 읽으며 마음에 드는 문장을 밑줄 그으며 읽으면 좋다.

나는 선생님이 좋아요

96~98페이지

1 데쓰조가 처리장에서 모은 파리 열세 마리가 든 병을 후미지가 가져와서 개구리의 먹이로 사용했다. 그런데 개미집을 관찰하는 시간에 후미지의 병을 본 데쓰조가 자신의 병을 보고는 그 사실을 알게 되었다. 그래서 데쓰조는 후미지를 공격했고 이를 말리던 고다니 선생님까지 다치게 된 것이다. (16쪽)

2 데쓰조와 친구들이 사는 곳은 쓰레기 처리장에서 조금 떨어진 곳으로 처리장에서 일하는 사람들이 모여 사는 곳이다. 데쓰조는 처리장에서 임시로 고용되어 주로 쓰레기를 분류하거나 태우거나 재를 꺼내는 일을 하는 노동자들이 모여 사는 연립 주택에 살고 있다. 이 지역에서는 교통사고가 한 달에 한 건 정도 일어난다. 도난 사고나 아이들의 가출 사고도 빈번하게 일어나는 열악한 동네이다. (20쪽)

3 데쓰조가 가지고 있는 비밀은 바로 파리를 기르는 것이다. 다른 애완동물과는 달리 파리는 전염병을 옮기고 위생적이지 못하다는 단점이 있기 때문에 고다니 선생님은 데쓰조가 파리를 기르는 일을 말리고 싶었다. 하지만 데쓰조가 사람의 똥을 먹는 지저분한 집파리는 기르지 않는다는 사실을 알게 되고, 데쓰조의 할아버지로부터 데쓰조가 파리를 얼마나 좋아하는지에 대해서 들으면서 고민을 하게 되었다. (49쪽, 57쪽)

4 파리가 세균을 먹는 것이 아니라 세균이 있는 음식 찌꺼기를 파리가 먹지 못하도록 인간들이 주의해야 한다는 것이다. 그리고 봄에 활동을 시작하는 파리들은 꽃의 꿀이나 나무의 즙을 빨아먹기 때문에 봄에 잡아서 가둔 데쓰조의 파리들은 전혀 지저분하지 않다는 사실도 알았다. (93쪽)

5 아다치 선생님과 함께 데쓰조의 집을 찾아간 고다니 선생님은 데쓰조를 무릎에 앉히고 병 속에 든 파리에 대해서 이것저것 질문을 하고 함께 파리 분류책을 보

며 파리에 대해 공부하였다. 파리 분류책에서 파리의 종류를 알아보다가 이름을 몰랐던 파리의 이름을 알게 된 데쓰조가 "이거다."라고 말하며 손가락으로 띠끔파리를 가리켰다. 그 순간이 고다니 선생님이 데쓰조의 목소리를 들은 첫 순간이었다. (96~98쪽)

6
- 나쁜 녀석: 한 것
- 좋은 녀석: 본 것, 느낀 것, 생각한 것, 말한 것, 들은 것, 기타 (117쪽)

7 미나코의 당번이 된 데쓰조는 다른 아이들처럼 미나코의 뒤를 따라다니지 않고 자기가 앞서서 걸었다. 미나코는 데쓰조의 뒤를 따라다니며 데쓰조가 하는 놀이를 따라했다. 데쓰조는 미나코의 비위를 맞추지 않고 오히려 미나코를 자신의 방식대로 데리고 놀아 주었다. (178~181쪽)

8 파리가 주로 산란을 하는 장소는 쓰레기통, 변소, 두엄, 동물의 사체, 장독이었다. 하지만 사람의 똥을 먹고 사는 집파리의 구더기는 화장실에 없었다. 왕큰집파리, 아기집파리, 대모파리, 쉬파리 등의 구더기는 화장실에 있는데 집파리와 금파리의 구더기는 화장실에 없는 것이었다. 그 이유는 데쓰조가 구더기의 그림을 세밀하게 그려 보고야 알 수 있었다. 기문이(뾰족하게 나온 부분) 없는 집파리와 금파리의 구더기는 질퍽한 곳에서는 숨을 쉴 수가 없어서 화장실에 살지 못하고 빠져 죽는 것이었다. (208~210쪽)

9 햄 공장에 들끓는 파리는 집파리였다. 고기를 다루는 공장인데 금파리나 쉬파리가 아니라 집파리가 들끓는 것은 쉽게 이해할 수 없는 문제였다. 집파리는 사람의 똥을 먹는 파리다. 햄 공장 담벼락을 기어 올라간 데쓰조는 공장 옆에 있는 밭에서 커다란 퇴비 더미를 발견하였다. 집파리는 퇴비에 알을 낳기 때문에 그 퇴비가 원인이었던 것이다. 이 일로 데쓰조는 일약 영웅이 되었다. (214~216쪽)

10 처리장 주민들과 아다치 선생님의 노력이 사람들의 마음을 움직였고 처리장 아이들을 지원하기 위한 결의문에 과반수가 넘는 서명을 받을 수 있었고 새로운 교섭을 가능하게 만들었다. (280~342쪽)

99~100페이지

1 파리에 대한 열정과 착한 마음씨, 미나코를 대하는 어른스러운 태도 등은 데쓰조가 숨겨 놓은 보물들이었다. 자신에게도 다른 사람들의 눈에 띄지는 않지만 숨겨진 열정과 소중한 보물이 있는지 생각해 보도록 한다.

2 바쿠 할아버지가 조선 사람들에 대해서 죄책감을 가지는 이유는 일제시대에 바쿠 할아버지가 고문을 못 이기고 조선인 친구였던 용생이를 배신하였기 때문이다. 할아버지는 죄책감에 조선으로 건너갔지만 조선인들을 속이고 토지를 측량하는 일을 하게 되었다. 거기서 조선 사람들을 위해 일을 하다가 끌려가서 또 끔찍한 고문을 당하고 자백을 하였다. 그 후 할아버지는 김용생과 그의 가족, 나아가 조선 사람들에게까지 죄책감을 가지고 평생을 살게 된 것이다. (141~142쪽)
일본인이라고 하면 가해자이고 우리는 피해자라고 생각한다. 그런데 그 가해자의 입으로 용서를 비는 말을 들으면 이상한 기분이 들 것이다. 하지만 일본인들이 우리에게 한 일을 생각하면 쉽게 용서하기도 힘든 일이다. 그나마 일본인들 중에는 바쿠 할아버지와 같이 조선인에게 죄책감과 미안함을 가지고 있는 사람들이 있다는 사실을 위안으로 삼고 새로운 한일 관계에 대한 희망을 가질 수 있다.

3 미나코는 돌보기 힘든 아이다. 미나코의 말을 알아듣기도 힘들고 아이들의 말을 미나코가 잘 이해하지도 못한다. 게다가 자신이 달리고 싶을 때 달리고, 아무 데서나 오줌을 싸고 친구의 공책을 찢기도 한다. 만약에 내가 미나코 당번이 되어 하루 종일 미나코를 돌봐야 한다면 어떤 방법으로 놀아 주고 같이 지낼 것인지 고민해 보도록 한다.

4 미나코는 지체장애 아이들을 돌보는 특수학교로 전학을 가게 되었다. 아이들은 미나코와 헤어지던 날 웃으면서 미나코를 향해 손을 흔들었다. 하지만 교실로 돌아와서 준이치가 울기 시작하자 아이들은 물론 고다니 선생님까지 울게 되었다. (204쪽) 미나코를 돌보면서 아이들은 성숙했다. 자신들이 미나코를 돌보는 것이 아니라 오히려 미나코로 인해 아이들은 어른스러워졌고 나눔과 배려를 알게 되었다. 그런데 이제 그런 미나코가 없다는 사실이 아이들은 섭섭했을 것이고, 그동안 미나코와 함께 지내면서 정이 들었는데 이제 영영 볼 수 없다는 사실에 눈물이 났을 것이다.

5 우리가 남의 목숨을 먹고 산다는 말은 우리가 이기적인 존재라는 의미는 아니다. 이 말은 우리가 살아가는 사회가 혼자 힘으로는 살아갈 수 없는 곳이라는 의미이다. 우리는 다른 사람들의 도움과 배려로 살아가는 존재이므로 나 역시 다른 사람들을 배려하고 나누며 살아야 한다는 의미이다.

6 두 가지 의견 중 하나를 택하여 주장에 대한 이유를 써 보도록 한다.
- 나는 자신의 주장을 내세우기 위해 파업을 하는 일이 옳다고 생각한다.
  왜냐하면 예)파업을 하지 않으면 자신들의 뜻을 제대로 전달할 수 없기 때문이다. 좋은 말로 하려고 해도 그 말을 들어주지 않으면 파업을 해서라도 자신들의 주장을 이야기해야 한다.
- 나는 자신의 주장을 내세우기 위해 파업을 하는 일이 옳지 않다고 생각한다.
  왜냐하면 예)대화와 타협으로 문제를 해결해야지 파업이라는 극단적인 행동을 하는 것은 또 다른 피해를 낳을 수 있기 때문이다. 파업을 하면 공장을 가동할 수 없고 그러면 회사나 노동자 모두가 피해를 입고 서로 감정만 더 상할 것이다.

하늘길

105~106페이지

1 자신의 가족들이 왜 이렇게 가난하게 살다가 헐벗고 굶주리며 죽게 되는지 그 이유를 물어보기 위해서 옥황상제를 만나러 길을 떠났다. (15쪽)

2 여인의 조상 중에 저잣거리에서 만금을 모은 분이 있었다. 하지만 사람들의 시샘과 해코지를 못 견디고 이곳 땅 끝으로 옮겨왔다. 그 뒤 백년은 옮겨 온 재물에 기대어 복되게 살았는데 몇 해 전부터 무서운 요괴가 집안을 드나들며 가족들을 잡아가고 이제 아가씨 혼자 남게 된 것이다. (25쪽)

3 그 요괴가 어디서 왔으며, 왜 우리 식구들을 해쳤는지 그 이유와 다음에는 여인이 누구와 혼인해 살아야 할지를 물어봐 달라고 하였다. (37쪽)

4 오두막의 선비는 책 속에 모든 진리가 있다고 믿는 사람이었다. 하늘에 오르는 길도 책 속에 해답이 있다고 생각하였다. (51쪽)

5 자신이 그토록 오래 힘들여 책을 읽었는데 왜 하늘에 닿을 수가 없는지, 어떻게 하면 자신도 하늘길을 찾을 수 있는지 물어봐 달라고 하였다. (59쪽)

6 음악으로 하늘을 불러 내릴 수 있다고 하는 악사, 종이와 붓과 물감을 써서 하늘을 불러 내릴 수 있다고 믿는 화가, 돌이나 나무를 깎고 다듬어 하늘을 불러 내렸다고 하는 이, 표정과 몸짓으로 하늘을 불러 내린다는 사람, 깨달음과 느낌이 말과 가락에 어우러져 하늘을 빚어낸다는 시인. (80~82쪽)

7 정녕 하늘을 이 땅으로 불러 내릴 수는 없는 것인지, 어떻게 해야 하늘을 한 자락이라도 불러 내릴 수 있는 것인지 물어봐 달라고 하였다. (88쪽)

8 산꼭대기의 소나무 아래 작은 바위에 앉아 있는 도사는 도를 닦아서 마음의 조화를 얻으면 하늘길을 찾을 수 있다고 믿고 백 년 동안 도를 닦아 온 사람이었다. (99쪽)

9 자신이 여기서 백 년이나 도를 닦아도 왜 하늘에 이르지 못하는지, 어째서 그곳의 신선이 되지 못하는지 물어봐 달라고 하였다. (108쪽)

10 자신이 천 년을 공을 들여도 하늘에 올라 용이 되지 못한 이유가 무엇인지 물어봐 달라고 하였다. (120쪽)

107~108페이지

1

인물	옥황상제의 대답
주인공 (젊은이)	하늘에서 인간에게 복단지에 복을 넣어 나눠 주는데 관리의 실수로 젊은이 집안의 복단지가 텅 비어 있던 것이다. 그래서 이미 나눠 준 다른 사람들의 복단지에서 복을 조금씩 덜어서 젊은이의 복단지에 복을 넘치도록 채워 주었다.
아가씨	요괴는 재물의 사자이다. 아가씨의 조상이 뒤뜰에다가 적잖은 재물을 묻어 두었는데 세월이 지나도 캐내 써주지 않자 재물이 그런 모습으로 자신을 알리러 나온 것이다. 아가씨가 결혼할 사람은 홀로 되어 처음 만나게 된 남자이다.
선비	책 때문에 하늘에 오르지 못하는 것이다. 책은 사람과 사람 사이에는 요긴한 것이지만 하늘과의 일에는 아무 쓸모가 없기 때문이다.
산골짜기의 화가, 시인, 악사	몸과 마음을 다 내던져 부른다면 하늘 한 자락쯤은 불러 내릴 수도 있지만 그들은 취해서 헛것을 보고, 그것으로 자신과 남을 아울러 속이고 있는 것이다.
도사	도사가 도포 자락으로 덮고 있는 방석이 사실은 커다란 황금덩이였다. 황금에 대한 욕심으로 그 앉은 자리조차 뜨지 못하는데 하늘까지 오지 못하는 것은 당연하다.

| 이무기 | 이무기는 여의주를 두 개나 가지고 자신이 하는 일을 거룩하고 신비롭게 꾸미려 했다. 그 허영으로 하나 더 가진 여의주 무게 때문에 마지막 몇 길을 솟아오르지 못해 이무기로 남아 있는 것이다. |

2 옥황상제는 요괴와 재물은 쓰임에 따라 전혀 다른 두 모습을 보이는데 한 몸에 두 얼굴이 있어 괴이하게 보이는 것뿐이라고 하였다. 돈은 사람을 살리는 일에도 쓰일 수 있지만 돈 때문에 사람이 죽을 수도 있다. 남을 돕고 선행을 베푸는 일에 돈을 쓸 수도 있지만 돈의 노예가 되면 돈에 집착하여 돈이 사람을 악하게 만들 수도 있는 것이다.

3
등장인물	풍자(비판)하고자 하는 인물
선비	행동하지 않는 지식인을 풍자한다. 또는 책만 읽고 현실은 무시한 채 탁상공론만 벌이는 학자를 비판하고 있다.
산골짜기의 사람들	예술의 세계를 추구하지만 자신의 멋에만 취해서 진정한 예술의 의미를 망각한 예술가들을 풍자한다. 그들은 거짓 예술로 독자와 대중을 현혹한다고 볼 수 있다.
도사	황금에 눈이 먼 사람을 비판한다. 재물에 집착한 나머지 자신이 정말 해야 할 중요한 일을 하지 못하는 사람이다.
이무기	지나친 욕심을 경계하고 비판하는 것이다. 자기의 분수를 넘어선 욕심은 자신을 오히려 구속하는 원인이 된다.
아가씨의 조상들	재물을 쌓아 두기만 하고 사용하지 않는 사람들을 비판한다. 재물이 한 곳으로 몰리면 사회경제구조가 불안정해지고 다른 사람들이 경제적 손실을 볼 수 있다.

4 자신의 운명을 바꾸기 위해서는 주인공처럼 자신의 운명에 도전하는 도전 정신과 아무리 힘들어도 포기하지 않고 목표를 이루려는 의지가 필요하다. 또한 힘든 일에 부딪혔을 때 이를 극복할 수 있는 용기도 필요하다.

어린이를 위한 환경 보고서 물

117~118페이지

1 1) 고체, 기체
   2) 영양분, 산소
   3) 신진대사
   4) 광합성
   5) 물의 순환
   6) 태양
   7) 70% (14~22쪽)

2 물은 음식물을 소화하고, 영양 물질을 우리 몸 구석구석에 전달하며, 남은 찌꺼기를 우리 몸 밖으로 내보내는 과정을 총지휘한다. 또한 물은 우리 몸의 신진대사를 원활하게 해주고 피의 주성분을 이루기도 한다. 물은 우리 몸속의 높아진 열을 노폐물과 함께 밖으로 내보내는 중요한 역할을 한다. (24~25쪽)

3 오염된 물을 그냥 마시면, 그 속에 들어 있는 미생물이 콜레라, 장티푸스, 이질, 간염 따위의 전염병을 일으킬 수 있다. 세계적으로 모든 질병의 약 80% 정도가 오염된 물 때문에 생기고, 해마다 약 500만 명의 사람이 이 때문에 죽기도 한다. 만약에 강물에 중금속이 있으면 걸러지지 않고 수돗물에 남아 있게 되는데, 아무리 끓여도 중금속 성분은 없어지지 않는다. 그래서 우리는 우리의 건강과 행복을 위하여 강물이 오염되지 않도록 노력해야 한다. (27~28쪽)

4 지하수를 마구 개발하면 자연적으로 지하수가 채워지는 양보다 소모되는 양이 많아서 결국 지하수가 부족하게 된다. 영국의 런던은 산업혁명이 이루어진 후에 지하수를 너무 많이 뽑아 쓰는 바람에 지하수면이 수십km까지 내려간 곳도 있다고 한다. 중국도 빠른 경제 발전과 더불어 물 사용량이 늘어서 1년에 1~2m씩 지하수면이 낮아지고 있고, 전체 우물의 3분의 1은 이미 말라 버렸다고 한다. 이렇게 지하수를 많이 꺼내 쓰면 갑자기 땅이 가라앉는 재앙을 불러 올 수도 있다. 바다가 가까운 곳에서 지하수를 개발하는 것은 지하층의 빈 공간으로 바닷물이 흘러들기 쉽다. (35~37쪽)

5 댐으로 흘러드는 강물은 많은 양의 모래와 자갈, 영양 물질 등을 옮겨 와 강바닥에 쌓는다. 그러면 물 높이가 점점 낮아져 댐 수면이 짧아지고, 댐에 갇혀서 고여 있는 물은 오염되기 쉽다. 특히 대부분의 댐과 저수지의 물이 상수원으로 이용되고 있어서, 오염이 되면 우리가 마시는 수돗물의 질이 떨어지게 된다. 또한 댐의 많은 물이 증발하면서 안개가 자주 끼기 때문에, 주변 지역의 기온을 변화시키거나 동식물의 생태계를 바꾸어 놓기도 한다. 댐의 엄청난 물의 무게 때문에 땅을 가라앉게 하거나 지진을 일으키기도 한다. (54~55쪽)

6 화학비료를 많이 쓰면 땅은 점차 양분이 없어지고 산

성 물질이 많아져서 오히려 농작물의 성장이 어려워진다. 화학 비료에 많이 들어있는 질소 성분은 산소와 만나면 식물이 쉽게 이용할 수 있는 질산염 형태로 바뀌지만 대부분의 식물은 화학 비료의 질산염을 전부 흡수하지 못하기 때문에 나머지 질소 성분은 물에 녹아 강으로 흘러들거나 땅속으로 스며든다. 이렇게 질소 성분이 스며든 강물과 지하수는 다시 사람의 몸속으로 들어오게 되어 건강을 해치게 된다. (91~92쪽)

119~121페이지

1 갯벌은 수심이 낮고 영양 물질이 풍부하여 수많은 해조류와 어패류의 중요한 서식지가 된다. 또한 물의 온도와 소금의 농도, 파도와 조수의 정도가 다양하여 아주 독특하고 건강한 생태계를 이루고 있다. 더욱이 조류, 바다 동물 등 희귀 생물종이 살고 있으며, 철새들의 도래지로서 중요한 위치를 차지하고 있다. 그래서 생태계의 다양성을 보호하기 위해서 갯벌과 습지를 보호해야만 한다. (137~138쪽)

2 영국의 경제와 산업이 발전할수록 템스 강은 물고기 한 마리 살지 않는 죽음의 강이 되었다. 그래서 영국 정부는 1960년대부터 템스 강을 살리기 위해 여러 가지 강력한 정책을 실시했다. 강으로 흘러드는 오염 물질을 철저히 막기 위해서 곳곳에 하수 처리장을 설치하고, 1970년에는 세계에서 처음으로 환경 문제만을 담당하는 환경부를 설치하기도 했다. 또 국민들도 오염 물질을 줄이는 일에 적극적으로 나선 결과 템스 강의 수질이 다시 좋아져서 물고기들이 다시 나타나게 되었다. (135~136쪽) 우리나라에서도 경제 개발로 인해 오염된 한강과 낙동강 등을 살리기 위해 수질 오염 대책을 실시하기도 했었다.

3 한강, 낙동강, 영산강, 금강의 수질도 점점 나빠져 가자 시민단체와 지역주민, 전문가들이 나서서 5년 동안 수백 번의 토론회와 공청회를 거쳐서 '4대 강물 관리 종합 대책'을 마련하였다. 상수원의 수질은 1~2급수 이상으로 개선하고, 하수도 말끔히 처리한다는 계획이다. 정부에서도 오염 총량 제도, 수변 구역 제도, 물 이용 부담금 제도 같은 강력한 규제 정책을 내놓게 되었다. (152~153쪽) 상수원의 수질이 나쁠 때는 소독을 하기 위해서 더 많은 처리 비용이 들기 마련이다. 맑고 깨끗한 수돗물을 먹으려면 강과 호수 등의 상수원을 맑고 깨끗하게 유지하는 것이 가장 좋은 방법이다. (157~159쪽)

4 우리 국민들이 우리나라가 물 부족 국가라는 것을 먼저 알아야 한다. 국민 하나하나가 물 부족에 대한 심각성을 알지 못하고 물을 낭비하게 되면 우리나라는 결국 물빈곤 국가가 될 수밖에 없기 때문이다. 정부가 국민들의 물 사용 습관을 개선하려면 이런 심각성에 대한 홍보를 해야 하고 절수 기기나 설비를 쓰도록 해야 한다. 가정에서도 수도꼭지를 잘 잠갔는지 늘 확인하는 습관을 들여야 하고, 양치질을 할 때는 물을 함부로 흘려보내지 않도록 해야 한다. 변기에는 절수 시설을 갖추어야 한다. 농업용수와 공업용수를 사용할 때는 사용한 물을 다시 사용할 수 있는 시설을 갖추고 물을 절약할 수 있도록 해야 한다.

5 1) 수질 오염의 주범인 합성 세제는 부엌에서 그릇을 닦을 때는 세척제와 빨래를 할 때 쓰는 중성 세제, 그리고 샴푸나 린스 같은 액체 비누 등을 말한다. 합성 세제는 석유나 식물성 기름을 원료로 하여 만드는데, 여기에 센물에서도 세탁이 잘 되라고 수질 오염의 큰 원인이 되는 인산 성분을 넣기도 한다. 합성 세제에 오염된 물은 거품이 생겨서 햇빛도 들어가지 못하고, 공기 속의 산소도 녹아들지 못한다. 물속에 햇빛이 들지 못하고 산소가 부족해지면 수많은 물속의 생물들이 살아갈 수 없다. 이 때문에 물의 자정 능력이 힘을 쓸 수 없고, 수질은 쉽게 오염된다. (80~81쪽)

2) 산업 폐수에 들어 있는 독성 물질은 오랜 기간 식물이나 동물의 몸속에 쌓였다가 결국은 사람의 몸속으로 들어간다. 중금속이 어느 생물의 몸속에 들어가면 먹이 사슬을 따라 다른 생물의 몸속에 쌓이게 되는 것이다. 몇 단계의 먹이 사슬을 거친 생물의 몸속에는 첫 단계의 생물보다 수만 배가 넘는 중금속이 쌓인다. (84~85쪽)

3) 현대로 들어서자 고기 소비가 늘면서 축산업도 크게 성장했다. 곳곳에 커다란 축사가 들어섰다. 문제는 가축의 똥오줌을 비롯한 폐수를 걸러내는 시설이 제대로 갖추어지지 않았다는 것이다. 그래서 수많은 가축의 똥오줌이 그대로 강으로 흘러들면서 강과 토양을 삽시간에 오염시키고 있는 것이다. (87~89쪽)

대한민국 초등학생 첫 과학 교과서

127~129페이지

1. 꽃식물(종자 식물), 민꽃 식물(포자 식물), 속씨 식물, 겉씨 식물 (14쪽)
2. (왼쪽부터) 꽃받침, 수술, 암술, 꽃잎 (28쪽)
3. 물, 온도, 공기 (31쪽)
4. (35쪽)

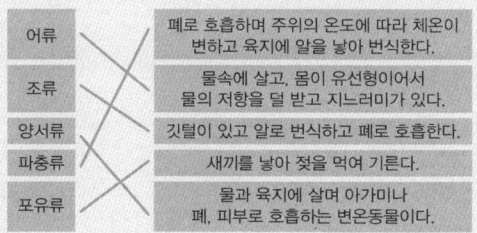

5. 생산자, 소비자, 분해자, 생태계 (57~59쪽)
6. 지층, 퇴적물, 퇴적암 (70~71쪽)
7. 부채, 선풍기, 풍선, 피리, 멜로디언, 아코디언, 나팔, 연, 타이어 (88쪽)
8. 지각, 맨틀, 외핵, 내핵 (100쪽)
9. 1) ○
   2) ×(달의 표면은 울퉁불퉁하다.)
   3) ×(달의 밝은 부분은 '육지' 어두운 부분은 '달의 바다'라고 부른다.)
   4) ○
   5) ×(달에는 물이 없다.) (104~105쪽)

130~132페이지

1. (122쪽)

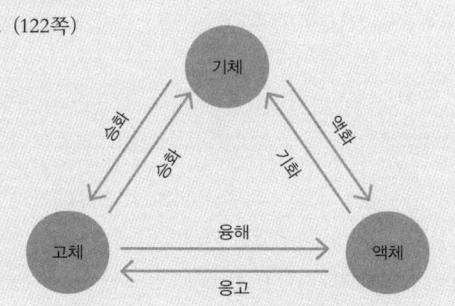

2. 화석 연료, 황과 질소산화물 / 산성비가 주는 피해는 농작물의 성장을 방해하고, 강이나 호수의 물을 오염시켜 물고기를 죽이고, 대리석이나 금속으로 된 것들을 부식시키는 것이다. 사람에게 피부병을 앓게 하기도 한다. (138쪽)
3. 먼저 가는 눈 체를 이용해서 좁쌀을 분리하고, 그 다음 굵은 눈 체를 이용하여 콩과 쌀을 분리한다. 혹은 그 반대로 굵은 눈 체를 이용하여 콩을 먼저 분리하고 다음 가는 눈 체를 사용하여 쌀과 좁쌀을 분리한다. (151쪽)
4. 모든 생물의 생명 유지를 위해서는 꼭 물이 필요하다. 그리고 일상생활 속에서 설거지, 빨래, 청소를 할 때도 물이 필요하다. 농사를 짓거나 공장에서 제품을 생산할 때도 물이 활용되며, 댐과 수력 발전소에서 전기를 만들 때도 물이 활용된다. (163쪽)

5.

연결방법	직렬	병렬
특징	모든 전기 기구를 통제할 필요가 있을 때 사용한다.	각 전기 기구를 따로 통제해야 할 때 사용한다.
밝기	조금 어둡다.	밝다.
예	크리스마스 장식등, 회로 차단기, 퓨즈	천장의 등, 가전제품, 가로등

6. 고갈, 대체, 대체
   에너지를 마구 쓰다가 나중에 다 없어지면 우리는 열도 전기도 사용할 수가 없게 되어서 냉장고나 난방을 할 수가 없게 된다. 또한 열에너지나 전기 에너지가 없으면 그로 인해 얻을 수 있는 운동 에너지나 빛 에너지도 얻을 수 없어서, 자동차도 움직이지 못하고 어둠을 밝힐 수도 없을 것이다. (182쪽)
7. 속력=이동거리÷걸린 시간(1초 또는 1시간)
   치타의 속력=30m÷1초 = 30(m/s)
   자동차의 속력=72km÷1시간(치타와 단위를 같게 만든다.)
   → 72000m÷3600초=20(m/s)
   ∴ 치타의 속력이 자동차의 속력보다 빠르다.

8.

	물체와 가까울 때	물체와 멀 때
볼록 렌즈	크고 바르게 보여요.	작고 거꾸로 보여요.
오목 렌즈	작고 바르게 보여요.	더 작고 바르게 보여요.

클로디아의 비밀

143~145페이지

1 클로디아의 가출 이유는 차별 때문이었다. 남동생들은 빈둥거리고 놀고 있는데 혼자서 저녁을 차리고 그릇을 치우는 날들이 허다했다. 그리고 또 한 가지 이유는 하루하루, 한 주 한 주가 똑같다는 거였다. 클로디아는 자신이 모든 과목에서 수를 받는 우등생인 게 지겨웠다. 늘 똑같은 일상의 반복에서 탈출하고 싶었던 것이다. (12~13쪽)
2 월요일 오후에 클로디아는 동생 제이미에게 자신의 가출 계획을 털어놓았다. 수요일에 스쿨버스를 타고 학교에서 하차하지 않고 버스 주차장까지 몰래 타고 간 클로디아와 제이미는 운전수 몰래 버스에서 내리는 데 성공하였다. 버스에서 내리기 전 둘은 다투기는 했지만 무사히 버스에서 내려 기차역으로 갔다. 둘은 뉴욕으로 가는 기차를 타고 그랜드 센트럴 역에 내려서 걸어서 메트로폴리탄 미술관까지 갔다. (29~43쪽)
3 배가 고팠고 잠자리도 불편해서였다. 오래된 영국식 침대는 곰팡이 냄새가 나고 불편해서 찝찝한 기분이 들었다. 하지만 고단함 때문에 둘은 잠이 들었다. (54쪽)
4 제이미가 처음 고른 전시관은 이탈리아 르네상스관이었다. (62쪽)
5 천사상이라는 대리석 조각상이 사람들의 관심을 끌게 된 것은 미술관이 천사상을 입수하게 된 특이한 사연과 이 작품이 이탈리아 르네상스의 거장 미켈란젤로가 조각한 것인지도 모른다는 점 때문이다. 이 작품이 미켈란젤로의 초기 작품이라는 증거가 발견되면 미술관은 미술품 역사상 가장 싼 값에 걸작을 사들인 셈이 된다. (74쪽)
6 천사상이 클로디아의 관심을 끈 이유는 이 작품이 미켈란젤로의 작품인지 아닌지에 대한 논란 때문이다. 지금은 이 조각상의 가격이 225달러이지만 만약 이 작품이 미켈란젤로의 작품이라는 것이 밝혀지면 그 가격은 225만 달러가 될지도 모르는 일이었다. 조각상의 비밀을 파헤치는 일, 그것이야말로 클로디아가 진정으로 바라던, 일상을 탈출할 수 있는 모험이었다. (78쪽)
7 천사상 조각을 옮긴 후 남은 바닥의 벨벳에서 눌러서 찍혀 있는 M이라는 글자를 발견하게 된다. M은 미켈란젤로의 표시였고 바로 그 조각상의 밑에 M이 새겨져 있었던 것이다. (116쪽)
8 둘은 미켈란젤로의 표시를 발견한 사실을 편지로 써서 미술관 측에 알렸지만 미술관에서는 벌써 그 사실을 알고 있으며 작품 표시가 있다고 해서 반드시 그의 작품이라고 할 수는 없다는 답신을 보내왔다. 클로디아는 실망했지만 천사상의 비밀을 포기할 수 없어서 천사상의 주인이었던 프랭크와일러 부인을 직접 찾아가기로 했다. (124~151쪽)
9 프랭크와일러 부인이 조각상을 기증하지 않고 미술관에 판 이유는 재미로 그런 것이다. 그 재미라는 것은 단순한 장난이 아니라 일단 비밀이 생기면 내가 비밀이 있는 줄 아무도 모르는 것이 재미없어진다. 남들이 그 비밀의 내용을 아는 것은 싫지만 내게 뭔가 비밀이 있다는 것은 알아주길 바라기 때문에 천사상을 미술관에 판 것이다. (202쪽)
10 프랭크와일러 부인이 안내한 캐비닛이 많은 사무실에서 아이들은 수많은 서류철을 발견한다. 클로디아는 서류철의 목록을 만들고 천사상과 관련된 서류들을 뒤지기 시작했다. 그리고 볼로냐와 관련된 서류철에서 미켈란젤로의 서명이 있는 낡은 종이 한 장을 발견하였다. 거기에는 천사상의 밑그림이 그려져 있었다. (183~185쪽)
11 만약에 천사상의 밑그림을 미술관에 넘긴다면 사람들은 밑그림의 진위 여부를 파악하려고 할 것이다. 권위자를 초빙해서 잉크를 분석하고, 종이를 분석하고 미켈란젤로가 그린 그림이 들어 있는 글을 모조리 연구하여 비교하고 또 비교할 것이다. 그리고 학자들 간에 논쟁이 벌어질 것이다. 전문가들은 프랭크와일러 부인이 믿는 것만큼 천사상의 가치를 믿지 않을 것이 틀림없다. 부인은 자신이 20년 동안 알고 있던 사실을 전문가들한테서 의심받고 싶지 않았다. (193쪽) 부인은 자신이 간직한 비밀에 관하여 그 진실 여부를 의심받고 싶지 않았던 것이다.
12 프랭크와일러 부인은 클로디아와 제이미를 만나고 나서 자신이 죽은 뒤에 천사상의 밑그림을 아이들에게 물려주기로 했다. 그래서 유언장에 그 내용을 넣어서 유언장을 고쳐 썼다. (204쪽)

146~147페이지

1 천사상의 비밀을 밝히는 일에 실패한 아이들은 프랭크와일러 부인을 찾아가기 전에 절망감에 빠졌다. 그래서 제이미는 그동안 재미있게 지냈으니까 이제 집으로 돌아가자고 말하였다. 천사상에 관하여 알게 되면 집에 가기로 했고 이제 그 비밀을 밝히는 데 실패했고 모험은 충분히 즐겼기 때문이다. 그러나 클로디아는 이대로 집에 갈 수는 없다고 했다. 가출을 하기 전과 달라지지 않으면 돌아갈 수 없다는 것이었다. 클로디아가 원한 모험은 비밀을 가지는 것이었다. 이 모험에서 아무것도 얻을 수 없다면 가출의 의미 자체가 없어지기 때문이다.

2 신문에 난 자신들의 기사를 보고 아이들은 사진 속의 자신들의 모습에 대해서 불만을 이야기했다. 그리고 프랭크와일러 부인이 경찰을 불러서 자신들을 데려가라고 하지 않을까 걱정하기도 하였다. 하지만 부모님이 미친 듯이 자신들을 찾고 있다는 말을 듣고는 얼굴을 붉혔다. 부모님께 걱정하지 말라고 편지를 드렸는데 부모님들이 자신을 걱정한다는 사실에 당황하고 미안한 마음이 들었다. 그리고 천사상의 비밀을 알려 준다면 집으로 돌아가겠다고 부인과 약속하였다.

3 프랭크와일러 부인은 거울을 보면서 자신이 예쁘다고 생각한다고 말하였다. 눈은 마음의 창이기 때문에 자신은 눈만 제대로 본다는 것이었다. 클로디아는 거울을 자주 들여다보지는 않는다고 말한다. 자신의 외모를 꼭 객관적인 기준에서 판단할 필요는 없다. 부인처럼 자신의 눈이 아름답다고 느끼거나 다른 어떤 특한 부분이 매력적이라고 생각할 수도 있다. 언제 자신이 멋있거나 예쁘다는 생각이 들었는지 말해 보도록 한다.

4 클로디아와 제이미는 만약에 프랭크와일러 부인이 차을 태워 주지 않았다면 기차를 타고 또 버스를 타야만 집으로 돌아갈 수 있었다. 하지만 돈이 하나도 없었기 때문에 무척 곤란했을 것이다. 이런 경우에는 어떻게 집으로 돌아갈 수 있을지 방법을 고민해 보도록 한다.

5 클로디아가 가출을 통해 얻으려고 한 두 가지는 모험과 비밀이다. 가출을 계획하고 실행에 옮기는 과정 자체가 클로디아에게는 일상의 탈출을 의미하는 일종의 모험이었으며, 그 계획은 비밀이었다. 그래서 가출을 계획할 때 클로디아는 설레고 흥분하였다. 그리고 모험과 비밀을 통해 자신의 모습이 달라지기를 바랐다. 자신도 무엇인가를 얻기 위해 몰래 계획을 세우고 비밀을 가졌던 경험이 있는지 말해 보도록 한다.

6 비밀을 가지는 것은 자신을 다른 사람으로 만들어 준다. 남들이 모르는 비밀을 마음속에 간직하면서 독특성과 자존감을 가질 수 있기 때문이다. 비밀은 자신을 다른 사람과는 다른 존재로 만들어 주고 스스로에 대한 만족감을 높여 준다. 자신을 다른 사람으로 만들어 주는 자신만의 마음속에 간직한 비밀이 있는지 말해 보도록 한다. 하지만 그 비밀이 무엇인지까지는 밝히지 않아도 된다. 입 밖으로 나온 순간 비밀은 더 이상 비밀이 될 수 없기 때문이다.

소나기

152~156페이지

1 • 개울가 첫 만남: 소녀는 징검다리 한가운데 앉아서 개울에 손을 잠그고 물장난을 하고 있었고, 소년은 소녀에게 비켜 달라는 말을 못해서 기다리고 있는데 마침 지나가는 사람이 있어서 소녀가 길을 비켜 주었다. (9쪽)

• 토요일 산으로 올라가면서: 소년과 소녀는 허수아비 줄을 흔들어서 참새도 쫓아보고, 무서리도 했다. 각종 꽃들을 꺾어서 꽃다발도 만들었다. 소년은 송아지 등을 타기도 했다. (24~30쪽)

• 원두막: 갑자기 소나기가 내려서 소년과 소녀는 원두막으로 비를 피했다. 원두막에도 비가 새자 소년은 소녀를 데리고 수숫단 속으로 들어가 비를 피했다. (32~33쪽)

• 며칠 뒤 개울가: 그동안 앓았다는 소녀는 얼굴이 해쓱해져 있었다. 그리고 대추를 건네주었고 이사를 간다는 말을 했다. (38~40쪽)

• 잠자리에서: 소년은 소녀가 죽었다는 소식과 소녀가 죽으면서 자신이 입던 옷을 그대로 입혀서 묻어 달라고 했다는 말을 들었다. (44~45쪽)

2 보라색은 흔히 불길한 색이라고 한다. 죽음을 의미한다고도 한다. 소녀가 들판에서 꽃을 꺾으면서 보라색

도라지꽃이 좋다고 한 부분이 불행한 결말을 암시한다고 할 수 있다. 또한 소나기 때문에 비를 피하던 수숫단 안에서 소년과 소녀가 꺾은 꽃들이 우그러들어 버린 것도 소녀의 죽음을 암시하는 복선이라고 볼 수 있다.

3 소녀는 소년과 놀러 가던 날, 입었던 분홍 스웨터에 꽃물이 들었는데도 개울가에서 만났을 때도 입고 나왔다. 그 옷에는 소년과의 추억이 들어 있기 때문이다. 그리고 죽는 순간에도 소년과의 추억을 간직하고 떠나고 싶었을 것이다.

4 소녀가 자신이 입던 옷을 그대로 입혀서 묻어 달라고 한 말의 의미를 소년도 어렴풋이 알았을 것이다. 자신과 놀러갔던 날 입고 있던 그 옷을 그대로 입고 소녀가 죽었다는 사실에 소년은 더 많은 추억을 만들지 못한 것을 후회하였을 것이다. 그리고 더 이상 소녀를 볼 수 없다는 사실에 무척 슬펐을 것이다.

5 꽃 같은 색시가 여우 고개를 넘어가는 총각애의 귀를 잡아서 입을 맞추며 구슬알을 총각의 입에 넣었다가 제 입으로 옮겨 물게 했다. 그런 일이 반복해서 일어나자 총각애는 몸이 축나고 글공부도 못하게 되었다. 이를 이상하게 여긴 훈장이 총각의 뒤를 밟아서 색시가 총각애 입에 구슬을 옮기는 것을 보았다. 훈장은 총각에게 색시가 구슬을 주면 삼켜 버려야 살 수 있다고 말했다. 그래서 총각은 훈장이 시키는 대로 색시가 주는 구슬을 삼켜 버렸다 그랬더니 꽃 같은 색시가 여우로 변해서 죽었다. (72~76쪽)

6 할머니 이야기를 듣고 잠이 든 산골아이는 꿈속에서 꽃 같은 색시가 주는 구슬을 삼키지 못한다. 아무리 해도 삼킬 수가 없다. 구슬을 못 삼키고 바둥거리다 그만 낭떠러지 아래로 떨어지면서 깜짝 놀라 잠을 깼다. (80쪽)

7 반수할아버지가 젊었을 때 산막골 근처에 밭김을 매러 갔는데 호랑이가 그만 갓난아이를 물고 가버렸다. 반수할아버지는 호랑이를 좇아 굴을 찾아 들어가서 호랑이의 잔허리를 끌어안았다. 놀란 호랑이는 그만 반수할아버지의 머리에 혼뜽을 갈겨 버렸다. 반수할아버지의 아이는 무사했고 할아버지의 머리는 호랑이의 뜨거운 혼뜽에 익어 껍질이 벗겨졌을 뿐이다. (85~87쪽)

8 꿈속에서 장에서 돌아오는 아버지를 만나지만 길을 가다 돌아보니 아버지가 없다. 호랑이가 아버지를 물고 올라가는 것이었다. 소년은 맨손으로 호랑이 뒤를 따라갔다. 호랑이 발자국을 따라 호랑이 굴에 들어가 호랑이 허리를 죄어 안았다. 한 번 더 안은 팔을 죄니까 호랑이 허리가 뚝 끊어지고 소년은 놀라서 잠을 깬다. (90~91쪽)

9 자신의 기억 속의 엄마는 아름다운 모습인데 아이의 누이는 못생겼기 때문이다. 못생긴 누이가 아름다운 어머니를 닮았다는 말을 아이는 믿고 싶지가 않았다. (96쪽)

10 이복동생을 업고 자신을 어머니와 같은 애정으로 쳐다보는 누이의 모습을 보면서 어머니가 누이처럼 미워서는 안 된다는 생각이 들었다. 그래서 이복동생의 볼기짝을 꼬집는 흉내를 내며 자신을 즐겁게 해주려는 누이가 미워 보였고, 누이를 골탕 먹일 이복동생의 볼기짝을 진짜로 꼬집어 울게 만들었다. (103쪽)

11 누이가 죽었다는 말을 들은 아이는 지난 날 누이가 자기에게 만들어 주었던 인형을 묻어 버린 곳을 찾아가 땅을 파헤쳤지만 인형을 찾을 수 없었다. 골목을 나오는 길에 당나귀 등에 올라타고 왜 죽었냐며 소리를 질렀다. (123쪽)

12 소년은 누이의 죽음을 슬퍼하면서도 누이가 엄마처럼 죽어서 별이 되어선 안 된다고 생각하였다. 누이의 죽음은 가슴 아프지만 여전히 아이는 기억 속의 아름다운 엄마와 못생긴 누이를 동일시할 수는 없었던 것이다.

13 돌이네 송아지가 처음 돌이네에 왔을 때는 아주 볼품없는 송아지였다. 왕방울처럼 큰 눈에는 눈곱이 끼고, 엉덩이뼈가 앙상하게 드러난 볼기짝에는 똥딱지가 다닥다닥 붙어 있었다. (129쪽)

14 들에 풀이 돋자 돌이는 학교 마치면 송아지를 데리고 방죽으로 나갔다가 저녁때가 되어서 돌아오곤 했다. 송아지와 달리기 시합도 하고, 방죽에 앉아 숙제를 하기도 했다. 그러다가 누워 잠이 들기도 했다. 예전에 시골에서 살던 아이들은 돌이처럼 방과 후에 집안일을 거들거나 들판에 나가 놀았다. 자신의 방과 후 생활과 비교하여 써 보도록 한다.

15 6.25 전쟁이 나자 군인이 와서 동네의 개와 소들을 끌고 갔다. 하지만 돌이가 송아지 목을 끌어안고 놔 주지 않고 질질 끌려가자 군인도 송아지를 포기하 고 돌아가 버렸다. 전쟁이 깊어지면서 돌이네도 피 난을 가게 되었는데 강물이 얇게 얼어서 송아지를 데리고 갈 수가 없었다. 할 수 없이 송아지를 외양 간에 두고 피난길을 떠나다가 돌이가 뒤를 돌아보 니 송아지가 고삐를 끊고 돌이를 향해 달려왔다. 돌 이도 송아지를 향해 달려가 둘이 만나기 직전에 얼 음이 깨지면서 돌이와 송아지는 얼음물 속으로 가 라앉기 시작했다. (140쪽)

16 돌이에게 송아지는 자신이 풀을 먹이고 돌봐주며 함께 시간을 보낸 친구였다. 그래서 위험을 무릅쓰 고 송아지에게로 달려갔고 송아지에게 달려가는 돌 이의 얼굴은 환한 웃음을 짓고 있었다. 마지막 얼음 장 밑으로 가라앉는 순간에도 송아지의 목을 놓을 수가 없었던 것이다. 목숨을 건 우정이라고 하면 위 험한 느낌이 들지만 그만큼 자신의 소중한 것을 아 낌없이 줄 수 있을 것 같은 우정을 나눌 친구가 있 는지 돌아보고, 그런 우정을 나누고 싶은 이유를 쓰 도록 한다.

157~158페이지

1 소나기에 나오는 단어의 뜻.
- 바투: 바싹
- 사뭇: 매우
- 그을: 비를 잠시 피하며 그치기를 기다릴
- 잠방이: 가랑이가 무릎까지 내려오게 지은 짧은 여름 홑바지
- 책보: 가방 대신 책을 싸던 보자기
- 악상: 부모 앞서 자식이 죽는 일
- 잔망스럽지: 하는 짓이 얄밉도록 맹랑한
- 주억거렸다: 고개를 앞뒤로 천천히 끄덕거렸다.
- 겨우살이: 겨울 동안 입고 먹고 지낼 옷이나 양식
- 얼김에: 얼떨결에, 어떤 일이 벌어지는 바람에

한국 명화, 세계 명화

166~169페이지

1 1) 원색의 물감을 아주 작은 색점으로 찍어 표현하는 것 (46, 50쪽)
2) 햇빛을 받아 빛나는 모습을 그리다 보니 그림이 흐릿해지고 몽롱해지는 느낌을 받아서 이러한 문제를 해결하려고. 빛의 반사 효과를 더 잘 나타내기 위해 (46, 50쪽)

2 • 그림 제목: 해바라기
1) 굵고 거친 붓자국을 남기는 것이 특징인데 이러한 기법으로 마음속의 처절한 고독과 절망, 격정적 감정을 나타내려고 함. (54쪽)

3 • 작가: 피카소
1) 입체적 사물이 가진 전체 모습을 다 담아내기 위해 한 대상을 앞이나 옆, 뒤 등 여러 각도에서 본 모습을 한꺼번에 그림 속에 담았다. (76쪽)
2) 입체주의라고도 하며 20세기 최대의 미술 혁명이라는 평가를 받았다. 사물의 모습을 보이는 면만 그리는 것이 아니라 대상을 떼어다가 다시 붙여 놓은 듯이 표현한 미술 양식이다. (74, 77쪽)

4 • 그림 제목: 브로드웨이 부기우기
1) 사물을 그리는 데 관심을 기울인 것이 아니라 점과 선과 면으로 사물을 구성하는 데 관심을 기울였다. 구도에서 수직선과 수평선에 의해 분할된 사각형을 기본으로 하며 색채에서는 빨강, 노랑, 파랑의 삼원색과 흰색과 회색, 검정을 칠하는 독창적인 그림 세계를 보여 주었다. (92, 99, 100쪽)

5 • 그림 제목: 수렵도
1) 고구려인은 사냥을 즐겼다. 그것은 단지 짐승을 잡기 위한 것만이 아니라 사냥은 오락이면서 강한 군대를 길러 내기 위한 군사 훈련이었기 때문에 (143쪽)

6 • 그림 제목: 흰 소
• 작가: 이중섭
1) 우리 민족이 걸어온 고난의 역사가 스며 있고, 그 역사의 소용돌이 속에서 허우적대던 이중섭 자신의 전설 같은 슬픈 이야기가 깃들어 있다. (218쪽)
2) 금방이라도 화면을 뚫고 나올 것 같은 힘이 느껴진다. 하늘로 솟구친 뿔과 부릅뜬 눈과 반쯤 벌어진 입

모양, 어깨를 앞으로 내민 몸짓, 쳐든 꼬리 등이 무언가에 분노가 차 있고 거칠게 저항하는 듯한 몸짓이다. (220쪽)

7 1) 실생활에 필요한 실용적인 그림이라는 점 (208쪽) 민화의 쓰임새는 다양하여 혼인이나 환갑잔치를 치를 때 장식용으로 쓰던 병풍 그림, 대문이나 벽에 부적으로 걸어 두거나 자신의 소망을 빌거나 누군가를 축하해 주기 위해 그렸다. (208쪽)
2) 호랑이, 까치, 물고기, 사슴, 학, 거북, 토끼, 소나무, 대나무, 모란꽃, 연꽃, 석류 등 (208쪽)

8 • 그림 제목: 수박과 들쥐
1) 초충도 (159쪽)

170~172페이지

1 정답을 맞히는 것이 아니라 그림을 보고 자유롭게 생각한 점을 표현하면 된다.
〈참고〉 제시된 작품은 살바도르 달리(Salvador Dali, 1904. 5. 11~1989. 1. 23)의 작품으로 제목은 〈기억의 고집The Persistence of Memory(1931년)〉이다. 우리가 매우 익숙하게 알고 있는 이 작품은 흐느거리는 시계의 이미지로 매우 강력하게 남아 있다. 그 그림은 달리가 두통에 시달려 친구들과 같이 극장에 가기로 한 약속 장소에 갈라만 보내고 집에 혼자 남아 우연히 그린 것이다. 당시 작업 중이던 풍경화에 그려 넣을 오브제가 떠오르지 않아 불을 끄고 작업실을 나가려는 순간, 두 개의 흐느거리는 시계가 보였다. 그중 하나는 올리브 나무 가지에 척하니 걸쳐져 있었다. 이 작품을 순식간에 완성한 것이다. 달리는 20세기 에스파냐의 대표적 초현실주의 화가이다. 피게라스 출생으로 스페인 카탈로니아 북부의 작은 마을 피게라스에서 공증인의 둘째 아들로 태어났다. 그의 아버지(돈 살바도르 달리)는 예술에 대해 깊은 관심을 가졌으며 집안도 중류층에 속하는 비교적 좋은 환경을 이루고 있었다.
달리가 태어나기 3년 전에 이미 죽은 그의 형 이름을 그대로 물려받은 그는 자신에게서 죽은 형의 모습을 찾으려는 데에 강한 반발 의식을 가지고 있었다. 유년기의 경험은 그의 작품에 영향을 미쳤으며 그의 독창성과 상상력은 그림을 통해 이 세상을 다시 보는 법을 알려 주었다. 광기로 가득했던 20세기 대표 화가로 자신의 무의식을 초현실주의 기법으로 표현하여 우리에게 많은 영감을 주고 있다.

2 1) 뒤샹의 모나리자는 콧수염이 있다.
2) 정답을 요구하는 질문은 아니므로 자유롭게 생각해 본다.
〈참고〉 20세기 전위예술의 한 위대한 축, 마르셀 뒤샹(Marcel Duchamp, 1887~1968)은 레오나르도 다빈치의 '모나리자'를 복제한 그림에 연필로 콧수염과 턱수염을 그려 넣어 여장한 동성애자로 표현했다. 뒤샹은 기존의 위대한 예술품이던 '모나리자'라는 작품에 낙서 같은 수염을 그려 넣음으로써 기존 회화를 조롱하고 반대하는 작가의 생각을 나타내고 있다. 원작을 훼손시키는 듯한 작품으로 틀에 박힌 예술의 양식에 대해 도전장을 내민 것이다.

3 내용 \ 제목	생투 빅투아르산	대부벽준 산수도
제작 시기	1904~1906년	1816년
작가	폴 세잔	이인문
표현 재료 및 방법	물감의 색채를 통해 입체감을 살림.	먹물을 이용하여 한지에 그림.
작품의 특징	원근법이나 명암법이 아닌 차고 따뜻한 색채를 이용해 입체감 살림. (65~69쪽)	바위 전체에 먹물을 옅게 칠해 입체감을 나타내려 함. 여백이 있음. (177~178쪽)

4 그림을 잘 이해하기 위해서 필요한 것은 작품에 대한 열린 마음, 작가의 생각과 그림을 그린 당시의 시대적인 배경에 대한 이해 등 여러 가지 대답이 나올 수 있다.

열려라 박물관 7

177~178페이지

1

1강	감	찬	2처		3백	5제	4귀	족
화		2병	인	양	3요	주	주	
도		성		새			대	
	5부		5전	쟁	7살	수	첩	
6청	산	리	전	투		나		15거
해				8통	8일	신	라	북
진		9삼	별	초		본	17판	옥	선
	10항	일				13최		
		운	15의	12병		16무	신	정	권
10충	12동	11학		자		14조	선	
11무	기		익		호	총	14몽	16고
공		13임	진	왜	란			18고	구	려

179~180페이지

1 1) 삼국시대 (11쪽)

2) 광개토대왕 (11쪽)

3) 남하정책을 써서 남쪽으로 땅을 넓혔고 수도를 평양성으로 옮겼다. (11쪽)

4) 지도에 표시를 해 본다.

5) 일본 사람들에게 유리하게 고치고, 일본이 신라와 백제를 정복하여 식민지로 삼았다고 고침. (12~13쪽)

6) 역사는 승리자의 입장에서 기술되기 마련이다. 광개토대왕비의 진실이 알려지려면 우리나라의 힘을 길러야 할 것이다. 광개토대왕비가 세워진 곳이 지금은 우리 땅이 아닌 남의 땅에 세워져 있어서 관리가 안 되고 있는 것이 현실이다. 이런 상황에도 진실을 알리려면 우리의 힘을 길러서 남의 나라가 우리의 역사를 왜곡하고 함부로 하는 것을 못하게 해야 한다.

2 다른 나라의 침략, 서로 국토를 넓히려는 욕심 때문에 전쟁이 일어났다.

3 나는 학생이니까 일단 내가 맡은 일을 열심히 할 것이다. 각자가 맡은 일에 최선을 다할 때 힘은 모아질 것이라고 생각한다. 친구와도 잘 지내고 공부도 열심히 하고 부모님이나 선생님의 말씀도 귀 담아 들을 것이다.

4 전쟁이 일어나면 많은 인명 피해와 경제적인 피해가 있다. 6.25전쟁의 후유증으로 많은 사람들이 아직도 가족을 못 만나고 살고 있기도 하다. 전쟁은 우리에게 피해만 주므로 일어나지 말아야 한다.

옛날 사람들은 어떻게 살았을까

189~190페이지

1 그림을 비교하여 그림 속 놀이와 일(직업)을 찾아보도록 한 후 내 생각을 쓰도록 한다.

	옛날의 놀이	지금의 놀이
종류	씨름, 뱃놀이, 고기잡이, 태껸, 탈놀이, 공기놀이	공기놀이, 컴퓨터 게임, 보드게임 등
특징	주로 여럿이 한다. 자연을 이용한다.	혼자 해도 된다. 기계를 작동하여 한다.
내 생각	예) 옛 놀이 중에 지금까지 하는 것도 있어 신기하다. 옛 놀이는 여럿이 하는 것이 많아 사람들과 어울리기에 좋을 것 같다.	

2 그림을 비교하여 그림 속 놀이와 일(직업)을 찾아보도록 한 후 내 생각을 쓰도록 한다.

	옛날의 일	지금의 일
종류	논갈이, 보부상, 생선장수, 길쌈, 쑥 캐기, 짚신 삼기	은행원, 건축, 선생님, 청소부, 주방장 등
특징	몸을 움직여 하는 일이 많은 것 같다. 야외에서 하는 일이 많다.	직업이 더 다양하고 머리 쓰는 일이 더 많아진 것 같다. 야외에서 하는 일보다 실내에서 하는 일이 더 많다.
내 생각	예) 옛날에 태어났다면 난 무슨 일을 했을까? 옛날 일이 재미있을 것 같기도 하지만 힘들 것 같다는 생각이 든다.	

191~192페이지

• 신문 기사 형식으로 내용을 정리하도록 한다. 편집자에는 자신의 이름을 써 넣고 구독 신청에는 전화번호나 이메일 주소를 써 넣는다. 가격은 임의대로 정한다.

• 음력 5월 5일 단오 행사로 여인네들 분주

우리나라 4대 명절 중 하나인 단오에 마을마다 여러 행사가 열렸다. 이날은 더위에도 잘 견디고 모내기를 끝낸 곡식이 풍년이 되길 비는 마음에서 단오를 지냈다. 여인네들은 시냇물에서 미역을 감기도 하고 창포를 삶은 물에 머리를 감기도 했는데 그 이유는 그러면 머리카락이 더욱 검어지고 또 악귀를 물리칠 수 있다고 믿기 때문이다. 이날 빼 놓을 수 없는 놀이가 그네

뛰기라 마을 어귀에 매어 놓은 큰 느티나무에서 여인네들은 하루 종일 옷맵시를 뽐내며 그네를 탔다.
- 사진설명: 동네 개울가에서 머리를 감고 그네를 뛰는 여인들
- 〈공연안내〉는 그림을 보고 자유롭게 내용을 채워 넣도록 한다.
- 제목: 어린이 탈춤제
- 일시: 2012년 3월 5일
- 장소: 어린이 극장 앞 마당
- 출연진: 김아라, 권율, 최동훈 외 5명
- 내용: 전국 초등학교 탈춤반 경연대회에서 입상작 공연
- 관람요금: 어린이와 공연 안내 사진을 오려 오면 무료, 어른 1000원
- 주최 및 후원: 전통문화보존협회
- 토요일에 만난 두 사람, 신윤복과 김홍도의 대담
 김홍도: 오랜만입니다. 저는 평민들의 모습을 많이 그렸는데 신화백 양반들의 모습을 많이 그리시는 데 특별한 이유가 있나요?
 신윤복: 아무래도 제가 자란 환경이 도화서의 화원이기 때문에 양반들의 모습을 볼 기회가 많았기 때문일 거예요. 김화백은 저와는 그림 풍이 많이 다른데요.
 김홍도: 제 그림은 선이나 색채가 굵고 부드러운 수묵화이기 때문에 신화백의 그림과는 완연히 다른 느낌이죠. 사실 지금은 은은한 수묵화가 유행인데 신화백의 그림은 선도 세심하고 채색이 화려하잖아요.
 신윤복: 제가 좀 새로운 것에 대한 도전정신이 있어요. 그러다 보니 양반들이 숨기고 싶은 부분을 솔직하게 그려서 도화서에서 쫓겨나기도 했죠. 김화백의 그림을 보면 서민들의 모습을 잘 표현한 것 같아요.
 김홍도: 그림은 감상자가 어떻게 보느냐에 따라 또 달라지는 것 같아요. 제가 생각하는 풍속화는 일반 백성들의 삶과 희로애락을 표현하는 거죠.
 신윤복: 그런 의미에서 저도 같은 생각이에요. 단지 그린 대상이 백성이냐 양반이냐 차이겠죠. 저는 양반들의 위선을 꼬집고 싶었어요.
- 오늘의 만평
 늙은 중이 한가로이 나무그늘에서 이를 잡고 있다. 불교와 승려들을 풍자하여 당시 불교를 억압했음을 보여 주는 작품이다.(조선 시대의 숭유억불정책) 해설과 제목은 내용에 어울리게 짓도록 한다.
- 〈사람을 모집합니다〉는 농사에 필요한 일꾼을 모집하는 광고이므로 쟁기질할 사람, 씨 뿌릴 사람, 새참 해올 사람 등이 들어갈 수 있다.

트리갭의 샘물

198~199페이지

1 터크 씨 집에 아이들이 오는 것 (10~12쪽), 위니가 부모의 잔소리에 집을 나가기로 결심한 것 (14~19쪽), 노란 옷의 남자가 마을에 나타난 것 (22~25쪽)
2 위니는 10살, 제시는 17살의 모습인 104살 (32쪽)
3 고양이만 빼고 온 가족이 영원히 죽지 않는 트리갭의 샘물을 마신 것. 그래서 제시는 나무에서 떨어지고 독버섯을 먹었는데도 죽지 않았고, 사냥꾼 총에 맞은 말도 멀쩡하고 터크는 뱀에 물렸는데도 멀쩡했다. 매는 손가락을 베었는데도 멀쩡했다. 마일즈는 결혼하고 아이가 있는데도 외모가 변하지 않자 아내는 마일즈가 영혼을 악마에게 팔아먹었다며 아이들을 데리고 떠났다. (48~50쪽)

4

인물	제안 내용
제시가 위니에게	위니가 17살이 되기를 기다렸다가 트리갭의 샘물을 먹고 자신과 결혼하는 것. (97~98쪽)
노란 옷을 입은 남자가 위니의 부모에게	납치된 위니를 데려다 줄 수 있으니 트리갭의 샘물이 있는 숲과 바꾸자는 제안 (102~104쪽)
노란 옷을 입은 남자가 터크 씨 가족에게	위니를 자신이 데려다 위니네 집에 데려다 주고 난 후 자신의 차지가 된 숲 속의 샘물을 팔 때 터크 씨 가족이 홍보를 해달라고 제안했다. (136~137쪽)

5 숲 속에 있는 영원히 사는 샘물을 사람들에게 팔아서 돈을 많이 버는 것 (135쪽)
6 위니를 억지로 끌고 가려던 노란 옷 입은 사내를 말리기 위해 매가 총으로 내려쳤는데 죽었다. (153쪽)
7 마일즈는 목수 기술이 있어서 감옥 창살을 분해하는 데 도움을 주었고 위니는 탈옥한 매 대신 담요를 뒤집어쓰고 감옥에 있는 척했다. (160~179쪽)
8 샘물을 마시지 않았다. (196~198쪽) 그 이유는 아마도 영원히 사는 삶보다는 유한한 삶이 더 가치 있다고

200~201페이지

1. • 매 터크의 행동은 정당하다. 왜냐하면 노란 옷의 남자가 먼저 자기 가족을 위협했기 때문이다. 매 터크가 살인을 했지만 그 남자가 만약 죽지 않았다면, 마시면 죽지 않는 샘물이 사람들에게 퍼졌을 것이고 그 샘물을 마시면 사람들이 죽지 않기 때문에 결국 세상이 망하게 될 것이기 때문이다.
   • 매 터크의 행동은 정당하지 않다. 왜냐하면 노란 옷의 남자가 아무리 나쁜 짓을 했더라도 그 사람을 죽이는 것은 살인죄이기 때문이다. 그 남자는 법적으로 사람들에게 죄를 지은 것은 없기 때문이다.
2. 터크는 영원히 사는 삶에 대해 회의를 갖고 있었다. 왜냐하면 영원히 사는 삶이란 오늘과 내일이 다를 바 없는 삶이기 때문이다. 많은 사람들이 무턱 대고 영원히 살려고 한다면 자기처럼 불행한 감정을 느낄 것이라고 생각했다. 위니가 영원히 사는 삶을 선택하지 않고 자신에게 주어진 순리대로 삶을 살았다는 것을 비석을 통해 확인한 순간 유한한 삶의 의미를 아는 터크는 잘했다는 말을 한 것이다.
3. 영원한 샘물을 마신다고 할지 아닐지 자신의 생각을 자유롭게 말한다. 영원히 사는 삶과 유한한 삶은 각기 나름의 장단점이 있으므로 이유와 함께 자유롭게 이야기한다.
4. 3번에서 샘물을 먹겠다고 한 학생의 경우 후속 대답을 한다. 17살일 수도 있고 30살일 수도 있다. 그렇게 생각한 이유와 함께 이야기한다.
5. 세 명의 의견 중에 동의하는 의견에 대해 내 생각을 덧붙인다.
6. 모든 사람이 영원히 살게 된다면 지금처럼 조바심 내며 경쟁 위주의 삶을 살지 않아도 될 것이다. 한편으로는 오늘이나 내일이나 별다른 의미가 없으므로 노력을 안 하게 될 것 같다. 사람이 죽지 않는다면 지구가 좁아질 것이다. 샘물을 먹는 시점에서 죽지 않게 되므로 나이 개념이 헷갈릴 것 같다, 내가 원하는 나이로 평생 살 수 있으니 좋겠다 등.

무너진 교실

211~212페이지

1. • 반에서 일어난 일: 선생님이 방법을 바꾸는 바람에 교코가 이어달리기 선수로 뽑히지 못했다. 하루히가 가져온 꽃은 예쁘다고 말한 선생님이 다른 아이들이 가져오자 칭찬하지 않는다.
   • 학급 회의: 하루히가 화장실에 갇힌 사건 때문에 학급 회의가 열린다. 아이들은 선생님에 대한 불만을 말하고 하루히도 자기 생각을 말한다. 선생님은 앞으로 달라지겠다고 한다. 서로의 마음을 알게 된 아이들은 화해한다.
2. • 처음에는: 없어진 하루히의 슬리퍼도 같이 찾고, 함께 지내려 했다.
   왜냐하면: 하루히는 친구이고 자신에게 친절하게 대해 주었기 때문이다.
   • 나중에는 아이들이 점점 심하게 굴자 교코 삼총사와 어울리며 하루히를 모른 척했다.
   왜냐하면: 자기도 하루히처럼 따돌림당할까 봐 걱정되어서 하루히의 편을 들어 줄 용기가 나지 않았기 때문이다.
3. 하루히가 미즈키네 집에서 얻은 꽃을 학교에 가져왔을 때
   • 하루히: 특별히 잘하려고 하는 건 아닌데, 꽃을 가져다 놓으면 또 모범생이라는 말을 듣겠지. 하지만 미즈키는 가져오지 않겠다고 했는데 교실에 꽃을 꽂아 놓으면 정말 예쁠 텐데…… 아무래도 내가 하고 싶은 대로 해야겠지. 그게 나다운 거니까.
   • 아이들: 하루히가 교실에 꽃을 꽂아 놓았어. 보나마나 선생님의 칭찬을 듣고 싶어서 그랬을 거야. 쟤는 선생님에게 너무 잘 보이려고만 해.
   • 내 생각: 자신의 생각을 자유롭게 적도록 한다.
4. 선생님이 하루히만 예뻐하고 자신들을 차별했기 때문이다. 그래서 선생님에 대한 불만으로 하루히를 따돌리고 괴롭혔던 것이다.
5. 선생님이 자신들의 이름을 제대로 불러 주지 않고, 남아서 수학 문제를 풀 때도 제대로 가르쳐 주지 않았기 때문이다. 또한 학생들의 부모님에게도 진정성을 보여 주지 않아서 아이들이 상처를 받기도 했다. 무엇

보다 하루히만 예뻐하고 자신들에게는 관심도 애정도 없다고 여겼기 때문에 선생님을 싫어했다.

213~215페이지

1. 왕따를 당하는 사람들은 무시를 당하거나 따돌림으로 혼자 밥을 먹어야 하는 등 정신적인 피해를 입기도 하고, 때로는 폭력으로 인한 육체적 피해까지 입기도 한다.
2. 왕따에는 사실 특별한 이유가 없다. 잘난 척 한다든지, 괜히 보기 싫다든지, 약해 보여서 만만해 보인다든지 하는 이유들이 대부분이다. 그러나 이는 주관적이고 감정적인 이유들이 대부분이어서 왕따를 합리화시킬 수 없는 이유들이다. 주변에 왕따당하는 친구가 있다면 어떤 이유로 그런지 생각해 보도록 하고, 그런 이유들이 타당성이 있는지 생각해 보도록 한다.
3. 왕따는 당하는 사람에게 육체적, 정신적으로 피해를 준다. 세상의 누구도 타인에게 지속적으로 고통을 가할 권리는 없다. 아무리 약하거나 심지어는 잘난 척을 하는 사람이라도 그의 인권은 존중받아야 하기 때문이다. 왕따는 한참 예민한 사춘기의 아이들에게 더할 수 없는 상처를 주는 행위이다. 왕따를 가하는 사람을 장난이거나 대수롭지 않은 일로 여길 수도 있지만 당하는 사람의 입장에선 목숨을 위협하는 테러인 것이다. 그러므로 왕따는 옳지 않은 일이다.
4. 제시문의 내용과 '무너진 교실'의 이야기를 바탕으로 무너진 교실을 다시 세울 수 있는 방법을 고민해 보도록 한다.
예) 건의함을 만든다. 정기적으로 학급회의를 해서 서로 소통할 수 있도록 한다.

무기 팔지 마세요!

221~222페이지

1. 보미가 교실에 들어섰을 때 경민이가 쏜 장난감 권총에서 날아온 총알에 이마를 맞았기 때문이다. 게다가 경민이가 진심으로 사과하지 않고 핑계를 대며 실실 웃었기 때문에 더 화가 났다. (13쪽)
2. 민경이는 야구공과 총이 다른 이유는 총은 야구공과는 달리 아이들의 정서를 해치기 때문이라고 한다. 폭력 영화를 보거나 폭력 게임을 하면 아이들의 성격이 폭력에 길들여지는 것처럼 남을 죽이기 위해 만든 총은 야구공과는 달리 아이들의 정서에 악영향을 끼친다는 것이다. (44쪽) 민경이의 대답을 정리해 보고 민경이의 말에 동의하는지 그렇지 않은지, 혹은 야구공과 총에 대해 또 다른 의견이 있는지 자신의 생각을 말해 보도록 한다.
3. • 주장: 장난감 총을 가지고 놀면 안 된다.
   • 근거: 1) 장난감 총이라고 해도 다른 사람에게 피해를 입힐 만큼 위험하다.
   2) 전쟁으로 인해 고통받는 지구상의 다른 어린이들을 생각해서라도 전쟁놀이를 즐기는 일은 옳지 않다. (74쪽)
4. 무기 수거함에 모인 장난감 총을 처리하는 방법에 대해서 고민하다가 평화모임의 아이들은 '무기 팔지 마세요!'라는 피켓을 들고 거리 시위에 나선다. 이 일이 신문에 나고 외부에 알려지면서 평화모임에 가입하고자 하는 학생들이 더 늘어났고 전국에서 격려와 응원의 편지가 보미에게로 날아왔다. 그래서 민경이는 뜻을 같이하는 전국의 사람들이 참여할 수 있는 홈페이지가 필요하다고 말했고, 이 일은 경민이의 도움으로 해결이 되었다. (114~132쪽)
5. • 주장: 무기를 살 수도 팔 수도 없는 법을 만들어야 한다.
   • 근거: 1) 미국에서는 아무나 쉽게 총을 사고팔 수가 있기 때문에 총기 사고가 끊이지 않는다.
   2) 미국에서는 해마다 학교에서 총기사고로 학생들이 사망하는 끔찍한 사건이 발생하고 있고 이로 인해 학생들은 학교에서조차 공포심을 가지고 생활하게 된다.
6. '진짜 엄마 모임'이 전국적으로 확산되고 제니의 아버지가 해고를 당하는 일을 겪으면서 제니는 무기 판매에 반대하는 아이들의 모임인 '막내 염소들의 모임'을 만들었다. 이 모임의 회원도 점점 늘어났다. '막내 염소'들이 가장 먼저 벌인 일은 '늑대 손 가려내기 운동'이었다. 총기 규제 법안에 찬성하는 정치인과 반대하는 정치인을 가려내는 것이었다. 전국의 의원들 중에 총기규제 법안에 찬성하는 사람과 반대하는 사람, 알

쏭달쏭한 사람들로 구별하여 명단을 만들어서 홈페이지에 실었다. 그리고 두 번째로 벌인 일은 부모님들을 설득하여 총기규제 법안에 찬성하는 의원에게 투표하고 반대하는 의원은 선거에서 떨어뜨리도록 하는 것이었다. (193~195쪽)

223~225페이지

1 세계 각국의 정상들이 모여서 핵안보 정상회의를 개최하는 이유는 핵안보의 중요성과 협력 방안을 논의하기 위해서이다. 이번 회의에서 각국은 핵테러 대응을 위한 국제적 협력 방안과 핵물질의 불법거래 방지, 핵물질, 원전 등 핵 관련 시설의 안전한 관리를 위한 실천적 방안들을 논의한다.

2 어린아이들이 전쟁에 병사로 나가는 이유는 충분한 성인 병사를 확보하지 못한 무장 정치 단체가 비용이 비교적 적게 드는 어린이 병사를 선호하기 때문이다. 또한 잦은 전쟁으로 부모를 잃거나 생활이 어려워진 어린이들이 가난에 시달리다가, 혹은 교육받을 기회를 얻지 못해 전쟁터로 내몰리는 경우도 적지 않다.

3 유엔안전보장 이사회는 무력이 충돌하는 상황에서 어린이들의 인권을 침해하고 학대하는 세력에 대해 관련 국가들이 단호하고 즉각적으로 조처해야 한다고 주장하였다. 어린아이들이 어른들이 벌인 전쟁터에 영문도 모르고 끌려가 다치거나 죽는 사례가 발생하고 있기 때문이다. 어린이들은 인권을 국제법으로 보호받고 있으며 무엇보다 전쟁 등의 위험한 상황에서 우선적으로 보호받아야 하는데도 오히려 전쟁터로 내몰리는 것은 부당하기 때문이다.

4 미국의 경우처럼 전쟁이나 무기 거래를 통해 돈을 버는 사람들이 많기 때문이다. 또한 이들이 생산하고 판매하는 무기를 사는 분쟁지역이 아직도 지구 곳곳에 남아 있기 때문이기도 한다. 즉 지역 간의 분쟁이나 마찰로 전쟁이 지속되는 지역들에서 무기를 필요로 하고, 이를 이용하여 미국 등의 나라에서는 무기를 만들어 판매하는 일을 멈추지 않고 있는 것이다. 지역 간의 마찰이나 민족, 종교 간의 갈등이 전쟁의 발발 원인이지만 끊임없이 공급되는 무기들은 이들 전쟁을 더욱 확산시키고 악화시키는 원인이 되고 있다.

※ 이 책의 '이렇게 했어요' 코너에
　독후활동지를 제공해 주신 어린이들에게 감사드립니다.

· ·

경기도 과천초등학교 6학년 **고정환**　　서울 신명초등학교 6학년 **정은지**
경기도 과천초등학교 6학년 **우재호**　　서울 신명초등학교 6학년 **노미연**
경기도 과천초등학교 6학년 **이다영**　　서울 신명초등학교 6학년 **조윤성**
서울 대도초등학교 6학년 **강지흔**　　　서울 신명초등학교 6학년 **조아람**
서울 문원초등학교 6학년 **이상윤**　　　서울 신명초등학교 6학년 **김태건**
서울 문원초등학교 6학년 **조의현**　　　서울 청계초등학교 5학년 **유채영**
서울 신명초등학교 5학년 **최소정**　　　서울 홍제초등학교 5학년 **정별이**
서울 신명초등학교 5학년 **도혜린**　　　서울 홍제초등학교 6학년 **이재영**
서울 신명초등학교 5학년 **김예지**　　　서울 홍제초등학교 6학년 **정하늘**

어릴 때 키워야 평생 가는
아이의 독서력 5~6학년

초판 1쇄 발행 | 2013년 1월 30일
초판 2쇄 발행 | 2013년 10월 25일

지은이　신운선·강애띠 | 책임편집　한혜숙 | 아트디렉션　정계수 | 디자인　박은진·장혜림
펴낸곳　바다출판사 | 발행인　김인호 | 주소　서울시 마포구 서교동 401-1 신현빌딩 5층
전화　322-3885(편집), 322-3575(마케팅부) | 팩스　322-3858
E-mail　badabooks@gmail.com | 홈페이지　www.badabooks.co.kr
출판등록일　1996년 5월 8일 | 등록번호　제 10-1288호

ISBN 978-89-5561-658-3　13590